EDUCAR PARA A AMIZADE

GERARDO CASTILLO

EDUCAR
PARA A AMIZADE

2ª edição

Tradução de
Roberto Vidal da Silva Martins

QUADRANTE

São Paulo
2023

Título original
La educación de la amistad en la familia

Copyright © 1999 Ediciones Universidad de Navarra,
S.A., Pamplona

Capa
Gabriela Haeitmann

Dados Internacionais de Catalogação na Publicação (CIP)

Castillo, Gerardo
    Educar para a amizade : um manual para pais e professores / Gerardo Castillo; tradução de Roberto Vidal da Silva Martins – 2ª ed. – São Paulo : Quadrante, 2023
    Título original: *La educación de la amistad en la familia*
    ISBN: 978-85-7465-424-9
    1. Amizade 2. Educação doméstica 3. Família I. Título.

CDD-370.115

Índice para catálogo sistemático:
1. Amizade : Educação 370.115
2. Educação para a amizade 370.115

Todos os direitos reservados a
QUADRANTE EDITORA
Rua Bernardo da Veiga, 47 - Tel.: 3873-2270
CEP 01252-020 - São Paulo - SP
www.quadrante.com.br / atendimento@quadrante.com.br

Sumário

Prólogo do autor 9

PRIMEIRA PARTE
A amizade e a vida familiar

I. Educação e amizade 17
    1. Necessidade da amizade 17
    2. A amizade está em crise? 22
    3. A amizade exercita-se com a educação 26
    4. A educação é fruto da amizade 29
    5. É possível a amizade entre adultos e jovens? ... 32

II. O que é peculiar à amizade? 41
    1. Afeto desinteressado e benevolência recíproca ... 41
    2. Intercâmbio de confidências 46
    3. Relação social baseada no modo de ser individual ... 51
    4. A comunicação entre duas pessoas 53
    5. Ajuda mútua para o desenvolvimento pessoal ... 57
    6. Convivência aprofundada e comprometida ... 62

III. A influência do ambiente familiar no desenvolvimento de atitudes sociais e amistosas 73
    1. Participação e amizade na família 73
    2. Importância da atitude dos pais 77

3. A família como centro de intimidade e de abertura............... 81

4. O exemplo dos pais: a sua vida de amizade 86

SEGUNDA PARTE

A amizade e as idades dos filhos

IV. A "amizade" no despertar da vida social: as primeiras
brincadeiras no lar... 91

1. O processo de socialização e as etapas da amizade 91

2. A passagem das brincadeiras individuais para as brincadeiras
em comum 93

3. Possibilidades e problemas desta etapa para o
desenvolvimento da conduta social 96

4. Ajudas educativas da família 100

V. A "amizade" na terceira infância, a "idade da camaradagem"........ 105

1. A passagem do lar para a escola 105

2. A necessidade do grupo social e as brincadeiras com regras 106

3. Os grupos infantis 109

4. Possibilidades e problemas desta etapa para o
desenvolvimento da amizade.. 111

5. Ajudas educativas por parte dos professores e dos pais 114

VI. A amizade na puberdade e adolescência: a idade do
compromisso pessoal... 123

1. A conduta gregária nos grupos-massa.................................... 123

2. As relações pessoais na "turma" dos adolescentes 125

3. A transição da camaradagem para a amizade 130

4. As "amizades particulares" ou "amizades apaixonadas"........... 136

5. Possibilidades e problemas da amizade em grupo 140

6. Possibilidades e problemas da amizade individual 147

7. Ajudas educativas da família 151

VII. Amizade e amor entre rapazes e moças adolescentes 159

1. O antagonismo inicial entre adolescentes de sexos diferentes .. 161

2. Amor platônico e amores impossíveis.................................... 164

3. A relação nos grupos mistos: amizade e flerte........................ 168

4. O nascimento da amizade íntima e do primeiro amor 175

5. O problema dos namoros prematuros e das relações pré-matrimoniais.. 181

6. Atitudes que os pais devem adotar no tema das relações entre moças e rapazes adolescentes 188

TERCEIRA PARTE
Os pais diante dos "desafios" da amizade

VIII. O risco das "gangues" juvenis.. 193

1. O que é uma "gangue"? 193

2. Fatores pessoais que podem levar um adolescente a integrar bandos criminosos... 197

3. Fatores familiares e ambientais que favorecem o fenômeno dos bandos juvenis.. 201

4. Alguns critérios educativos 205

IX. Influência das amizades nos conflitos entre pais e filhos adolescentes 211

1. Em que consiste o conflito entre pais e filhos adolescentes?..... 211

2. Principais causas do conflito de gerações na família 213

3. Por que os amigos dos filhos podem ser um fator de conflito? 216

4. Critérios educativos para quatro situações: evasão, "segredismo", permissividade e escolha dos amigos.............. 221

5. Critérios educativos para três situações: maus amigos, uso do telefone e visita dos amigos.................................... 225

X. Os filhos sem amigos 231

1. Por que alguns filhos pequenos não têm "amigos"? 231

2. Por que existem adolescentes sem amigos?............................ 235

3. Possíveis consequências da falta de amigos 241

4. Algumas orientações para os pais 245

POSFÁCIO DO EDITOR

Educar para a caridade.. 249

Prólogo do autor

Desde os tempos de Platão — com o seu *Lísias ou sobre a amizade* — até os dias de hoje, foram muitos os livros que se escreveram sobre a amizade. No entanto, ao que eu saiba, não existe nenhuma obra que se dedique a tratar da educação ou do cultivo da amizade. O único estudo sistemático que conheço a este respeito é um interessante capítulo de um livro dedicado à educação das virtudes humanas[1].

É surpreendente que se tenha escrito tanto sobre a amizade e tão pouco sobre o modo de desenvolvê-la ou cultivá-la. Custa entender por que algo tão universalmente aceito e valorizado não é considerado habitualmente como um objetivo educativo.

Muitos pais e professores não sabem relacionar a vida de amizade dos filhos ou alunos com o aprimoramento

---

(1) David Isaacs, *La educación de las virtudes humanas*, 8ª ed., EUNSA, Pamplona, 1986.

pessoal a que desejam conduzi-los. As relações de amizade são vistas como algo neutro, alheio ou paralelo às finalidades da família e da escola. Esses pais e professores limitam a sua atuação a algumas intervenções esporádicas, com as quais pretendem remediar apressadamente algum problema ocasional, como por exemplo a influência de uma má companhia.

Além disso, os pais costumam preocupar-se tarde demais com as amizades dos seus filhos. Não percebem que o desenvolvimento da conduta sociável durante a infância é uma preparação para as relações pessoais de amizade na adolescência. Dessa forma, desperdiçam muitas situações e oportunidades que o ambiente familiar oferece para o desenvolvimento das atitudes e virtudes da convivência. Atitudes como a preocupação pelos outros, a ajuda mútua, a compreensão e o respeito podem ser cultivadas no dia a dia desde a primeira infância, por ocasião das experiências sociais vividas em casa. E muitos pais desaproveitam também os "interesses" ou necessidades sociais de cada idade, que se manifestam em situações tão corriqueiras como as brincadeiras e as turmas infantis.

Quais são as causas dessa falta de preocupação educativa no que diz respeito à amizade? Suponho que uma delas seja a *trivialização do próprio conceito de amizade* nos dias de hoje. A amizade vem sendo entendida, cada vez mais, como uma mera relação de conveniência: quem tem amigos é mais influente, tem mais possibilidades de conseguir o que deseja pela via mais curta, mesmo que isso signifique ser injusto com outras pessoas. Por meio dessas "amizades" fazem-se bons negócios, ganham-se concursos ou obtêm-se empregos.

Estamos assistindo, em consequência, a um processo de desvalorização do conceito de amizade. As pessoas pensam que, para ter muitos amigos, é preciso dar razão aos outros sistematicamente, usar de bajulação e incentivar a vaidade alheia. Pelo menos, é o que se lê em certos livros sobre "como fazer amigos". Parte-se do princípio de que ser sincero e honesto é um obstáculo à amizade.

Outro sintoma da atual desvalorização da amizade é chamar "amigos" aos simples colegas de diversões, confundindo essa relação superficial com a relação profunda, de compromisso pessoal, própria da autêntica amizade. O uso habitual de expressões como "meu grande amigo" para dirigir-se a pessoas com as quais não se tem nenhum vínculo pessoal ou que mal se conhece, contribui para esta "cerimônia da confusão". Ora, se a amizade significa, para tantas pessoas, uma mera comunicação superficial destinada a conseguir com mais facilidade o que querem ou o que lhes convém, não se deve estranhar que fique à margem dos planos educativos.

Penso que uma segunda causa do problema que estamos analisando é *a falsa ideia de que a vida de amizade surge de maneira espontânea* em todas as pessoas: bastaria alguém ser "animado" e "simpático" para ter muitos e bons amigos, ou para que as suas amizades perdurassem. De acordo com este modo de pensar, não seria preciso nenhum esforço especial para ser bom amigo. Os amigos seriam, natural e necessariamente, sinceros, leais, respeitosos e compreensivos entre si.

Por fim, não excluo a possibilidade de que haja uma terceira causa para essa desvinculação entre a prática da amizade e as preocupações educativas. Refiro-me à *dificuldade de educar a amizade.* Para a maioria dos pais e professores, não é nada fácil saber o que devem fazer e o que *não* devem fazer em cada caso, no que diz respeito a essa afinidade espiritual que se estabelece misteriosamente entre duas pessoas determinadas, e não entre outras. Muitos, por exemplo, não sabem se é aconselhável influir ou não na escolha dos amigos dos seus filhos. Outros sentem-se perplexos por não saberem como ajudar um filho que não tem amigos.

Além disso, acontece que a autêntica relação de amizade não costuma surgir antes da adolescência. A criança ainda não é capaz de escolher os seus amigos em função das suas qualidades, de compartilhar com eles a sua intimidade, ou mesmo de estabelecer um compromisso pessoal. As "amizades" da infância não chegam a essa comunicação profunda entre dois seres humanos. Como a amizade pessoal leva tempo a estabelecer-se, muitos pais e professores "habituam-se", limitando a sua preocupação a metas mais simples, como fomentar a solidariedade entre as crianças.

Por último, quando finalmente chega a hora da amizade, os filhos encontram-se num dos períodos mais problemáticos e difíceis da vida: a adolescência. Os pais passam a enfrentar situações novas, como a relutância dos filhos em falar de qualquer coisa que se relacione com os seus amigos. As amizades são, muitas vezes, uma evasão da vida familiar e um refúgio diante das incompreensões — verdadeiras ou não — dos pais. E trazem consigo também novos costumes que os irritam facilmente: muitos telefonemas, ausências frequentes de casa, impontualidade nos horários familiares, gastos excessivos etc. Os amigos dos filhos tornam-se assim, muitas vezes, um dos componentes do conflito de gerações.

Essas dificuldades explicam por que muitos pais não se empenham a fundo na educação da amizade: o problema é complexo, e eles veem que não têm a devida preparação para enfrentá-lo. Ora, é necessário que se convençam de que há motivos muito sérios para cuidarem de educar ou cultivar a amizade na família, preparando-se para oferecer aos filhos uma ajuda de que eles precisam.

Um desses motivos é o *papel central que a amizade desempenha no desenvolvimento dos filhos* ao longo das diversas idades: é por ela que aprendem a conhecer melhor a si mesmos, a ganhar mais confiança em suas capacidades, a satisfazer muitas necessidades afetivas; é por ela que recebem estímulos quase contínuos para agirem de forma altruísta etc.

Outro bom motivo é que a relação entre os amigos, entre verdadeiros amigos, *exige a prática mútua de todas as virtudes da convivência:* sinceridade, lealdade, generosidade etc. Não se pode conceber uma autêntica amizade se os amigos enganam, atraiçoam, faltam com respeito uns aos outros. A amizade é, portanto, um centro de interesse que estimula o desenvolvimento de muitas virtudes. E os pais devem saber que estas e outras possibilidades que, ao menos em princípio, a amizade oferece aos seus filhos para melhorarem como pessoas, podem ser aproveitadas ou desperdiçadas. Tudo depende de que exista ou não o cultivo de um autêntico espírito de amizade na família.

A experiência da vida diária proporciona-nos um dos melhores argumentos a favor da educação da amizade: não é fácil distinguir a verdadeira amizade dos seus sucedâneos;

não é tarefa simples escolher bem os amigos; nem todas as pessoas têm um verdadeiro amigo; não é fácil ser um bom amigo; não se mantém viva uma amizade verdadeira ao longo dos anos sem seguir algumas regras baseadas em princípios éticos e, portanto, exigentes.

Acontece também que, na sociedade massificada do nosso tempo, o homem vem perdendo o hábito de cultivar as relações pessoais no âmbito da amizade. Isso faz com que seja mais urgente cultivar essa virtude hoje em dia do que nos tempos passados.

Penso que, depois de expostas estas razões, o leitor me dispensará de explicar por que escrevi este livro sobre a educação da amizade. Gostaria apenas de esclarecer por que o fiz girar em tomo da família. A razão é simples: a família é o âmbito fundamental em que se pode cultivar a amizade, porque é ao mesmo tempo *centro de intimidade* e *centro de abertura*. Intimidade e abertura são as duas qualidades básicas da pessoa que se manifestam na amizade e que são estimuladas de um modo natural e permanente no meio familiar. Isto não significa que a amizade não possa ou não deva ser cultivada também em outros âmbitos, como na escola ou no trabalho profissional. Acho, porém, que a ajuda educacional prestada por estes dois últimos setores apenas complementa o trabalho desenvolvido pela família.

Este livro dirige-se tanto aos pais como aos que têm a missão de aconselhá-los: orientadores familiares, tutores, professores etc., não só porque muitos dos temas estudados são de interesse comum para todos os educadores, mas também porque, para orientar os pais, é preciso conhecer previamente o que se espera deles. Propõe, além disso, oferecer diversos auxílios aos pais: ajudá-los a distinguir a verdadeira amizade da falsa amizade e de outras formas de convivência, como o coleguismo, o companheirismo etc.; mostrar-lhes como aproveitar as possibilidades do ambiente familiar para o aperfeiçoamento de atitudes sociais e amistosas; enfim, ensiná-los a cultivar a amizade ao longo das diferentes idades e a enfrentar os problemas que as amizades dos filhos lhes trazem.

Primeira parte

A amizade e a vida familiar

I. Educação e amizade

1. Necessidade da amizade

Num livro sobre a amizade, temos de perguntar-nos o quanto antes até que ponto essa relação humana é essencial para a vida: não podemos viver sem amigos? Ou, para dizê-lo de outra maneira: A amizade será mesmo um valor necessário a todo o tipo de homens? Ora, se não o fosse, não valeria a pena deter-nos extensamente a tratar dela, como também não teria sentido propor aos educadores — pais e professores — que a cultivassem nos filhos e nos alunos.

Estudar a questão da amizade seria ainda mais desnecessário se ela não existisse, como aliás se chegou a afirmar ceticamente ao longo da história: "A amizade, como o amor, não passa de um nome"[1], dizem alguns. E um personagem de fábula diz mesmo ironicamente: "Meus amigos: os amigos não existem"[2].

Noutros casos, admite-se a existência da amizade, mas pensa-se que é muito rara: "É pouco frequente um verdadeiro amor, mas é muito menos frequente uma verdadeira amizade"[3], diz um epigrama do pensador francês La Rochefoucauld. Se fosse verdade que a amizade é algo desconhecido da maioria dos homens, não se poderia afirmar que é fundamental para a vida.

Os que negam a existência da amizade ou os que a consideram uma raridade fazem-no, sem dúvida, porque não tiveram essa experiência em suas vidas. São pessoas sem amigos. Não estarão confundindo a sua falta de capacidade ou de oportunidade de ter amigos com a impossibilidade de que a amizade exista? Não seria mais útil interrogar sobre o tema pessoas que tiveram amigos verdadeiros? Era, aliás, o que Cícero sugeria: "Penso que deveis perguntar o que se pode dizer sobre a amizade aos que a praticam"[4]. Sócrates, sem dúvida, teve muitos amigos e dedicou muito tempo a conversar com eles sobre os mais diversos temas de interesse comum. Um dos seus temas preferidos era justamente o da amizade. Conversando, certa vez, com Lísias e Menéxeno, dizia que a amizade era o que havia de mais importante e necessário para ele: "desde a minha infância, houve uma coisa que sempre desejei. Todos têm a sua

---

(1) Gay, *Fables,* cit. em F. Palazzi e F. Spaventa, *El libra de los mil sábios,* Dosset, Madri, 1984, p. 36.

(2) Florian, *Fables,* III, 7, *ibidem,* p. 36.

(3) La Rochefoucauld, *Maximes,* 473.

(4) Marco Túlio Cícero, *De amicitia,* Grados, Madri, 1983, p. 29.

I. EDUCAÇÃO E AMIZADE 19

paixão: uns gostam de cavalos, outros de cães, outros do ouro ou das honras. Quanto a mim, todos esses objetos me deixam indiferente. O que quero vivamente é conseguir amigos; um bom amigo deixar-me-ia mais feliz que a codorniz mais bela do mundo, que o mais belo dos galos e, mesmo, por Zeus!, que o mais belo dos cavalos ou dos cães. Penso que preferiria um amigo a todos os tesouros de Dario, a tal ponto me sinto ávido de amizade"[5].

Encontramos uma atitude semelhante em Aristóteles, para quem "a amizade é uma virtude, ou ao menos vem acompanhada de virtude, e, além do mais, é o que há de mais necessário para a vida". E acrescenta a seguir: "Ninguém gostaria de viver sem amigos, mesmo que possuísse todos os demais bens". A amizade é fundamental para todos os homens, incluídos os ricos e poderosos, mas também os desfavorecidos precisam dela: "Na pobreza e nos demais infortúnios, os amigos costumam ser considerados como o único refúgio". A amizade, por outro lado, não é característica exclusiva de determinada idade: "Os jovens precisam dela para evitar o erro. Os idosos, para serem cuidados e como ajuda para remediar as limitações que a fraqueza impõe às suas atividades. Os que estão na flor da idade, para as ações nobres: «dois caminhando lado a lado»; desta forma, com efeito, estão mais capacitados para pensar e agir"[6].

Aristóteles pergunta-se se também o homem feliz precisará de amigos. E responde, esclarecendo que "o homem

---

(5) Platão, *Lísias ou da amizade,* em *Obras completas,* Aguilar, Madri, 1981, p. 317.

(6) Aristóteles, *Ética a Nicômaco,* VIII, 1155a.

é um animal social, formado naturalmente para a convivência. Esta condição dá-se também no homem feliz, que tem tudo aquilo que é um bem por natureza, e é evidente que passar os dias com amigos e homens bons é melhor do que passá-los com estranhos e homens de qualquer índole. Portanto, o homem feliz precisa de amigos"[7].

Em suma, a amizade é necessária para fazer o bem, para conviver com homens bons, para adquirir experiência e sabedoria e para receber ajuda nas necessidades.

Também Cícero considera a amizade como o que há de mais necessário na vida do homem: "Só posso exortar-vos a preferir a amizade a todas as coisas humanas, pois nada é tão conforme com a natureza e tão conveniente nas diversas situações, quer favoráveis, quer adversas". Para ele, só a sabedoria é melhor que a amizade. Não concebe, pois, a vida do homem sem uma relação de amizade: "Como podes viver uma vida que não se apoie na benevolência de um amigo? Pode haver algo mais doce do que ter alguém com quem ouses falar de todas as coisas tal como falas contigo mesmo? Que vantagem haveria nas coisas prósperas se não houvesse quem desfrutasse delas como tu mesmo? E não seria difícil suportar as adversas sem alguém que sofresse com elas ainda mais do que tu? [...]. A vida sem amizade é nula, ao menos se as pessoas quiserem viver de alguma forma como homens livres"[8].

Há algumas coincidências nos textos de Aristóteles e Cícero acima citados: a amizade é desejo mútuo do bem entre os amigos; e é uma situação de íntima convivência

---

(7) *Ibidem*, IX, 1169b.
(8) Cícero, *De amicitia*, pp. 29-35 e 109.

I. EDUCAÇÃO E AMIZADE

na qual os amigos compartilham bens materiais e bens espirituais. Estas ideias servem tanto para justificar a necessidade da amizade enquanto situação fundamental para o crescimento ou amadurecimento da pessoa como para adiantarmos de algum modo a definição desta virtude que faremos no próximo capítulo.

No entanto, vale a pena insistir aqui em que a amizade permite satisfazer algumas carências básicas ou radicais do homem como ser pessoal.

Cada pessoa é uma realidade diferente, original, peculiar, única, misteriosa. Por estar dotada de consciência, cada pessoa sabe que essa vida peculiar, pessoal, existe, mas que também pode deixar de existir. Se, no caso do animal, a vontade de conservação não passa de um instinto, no homem — ser com uma dimensão espiritual que não se reduz à vida simplesmente biológica — essa vontade de conservação reside em que pode optar pelo ser ou pelo não ser. Esta opção é algo próprio da pessoa como ser livre e constitui um dilema presente ao longo de toda a sua vida.

Ao contrário do que se passa na vida biológica, a continuidade da vida humana baseia-se na necessidade de que o homem descubra a sua condição de pessoa e a valorize. Esse amor de cada pessoa pelo que a diferencia, pela sua individualidade, é um ponto de referência fundamental nas relações entre os homens: cada qual *necessita e quer ser amado pelo que é*. Isso é o que o sustenta e lhe proporciona confiança em si mesmo.

Ser amado pelo que se é, pelo que se tem de original e irrepetível, é praticamente impossível na vida social pública, pois nela os homens se relacionam mais pelo que têm em comum do que por aquilo que têm de peculiar. Pelo contrário, é perfeitamente possível na chamada "vida privada", isto é, na vida familiar e na vida de amizade; e poder-se-ia acrescentar até que é mais fácil entre os amigos do que entre os familiares, na medida em que, na verdadeira amizade, a afinidade espiritual que se estabelece nunca é conformidade plena: os amigos não aspiram a ser idênticos uns aos outros, e, portanto, podem dialogar e complementar-se a partir das diferenças mútuas. Este diálogo entre seres desiguais e irrepetíveis é característico da amizade, muito mais que do amor.

2. A amizade está em crise?

Ser amigo de alguém pelo que ele é, de forma desinteressada e não em função da utilidade ou do prazer que pode proporcionar-nos, é próprio da amizade verdadeira. Estimamos o amigo pelas suas qualidades individuais. E, para estimá-lo, temos de conhecê-lo antes por meio da convivência. O desejo mútuo do bem é precedido pelo conhecimento mútuo adquirido na convivência.

Este tipo de relação humana baseada na comunicação pessoal sinceramente desinteressada estará ainda em vigor na sociedade atual ou, pelo contrário, era mais característico de épocas passadas? A vida social de hoje baseia-se nas relações pessoais ou, antes, nas relações impessoais?

De acordo com a resposta que dermos a estas perguntas teremos uma atitude otimista ou pessimista com relação ao futuro dessa peculiar relação de convivência a que chamamos amizade. Não faltam dados nem razões para pensar que

I. EDUCAÇÃO E AMIZADE

a amizade está em crise nos nossos dias. E também não falta quem pense que essa crise revela que a amizade já não é tão necessária hoje como no passado.

Os interesses econômicos e a ambição de poder que dominam o mundo dos negócios e da política limitam bastante o espaço necessário para as relações pessoais desinteressadas e sinceras. Nesses meios, as pessoas são apreciadas pelo que têm e não pelo que são, isto é, pelas vantagens materiais que podem proporcionar. Ter "amigos" é, frequentemente, ter mais possibilidades de obter privilégios e recomendações para passar por cima das normas estabelecidas. Nessas condições, a amizade perde o seu valor. Deixa de ser uma virtude para converter-se numa fonte de injustiças.

Outro obstáculo importante é a "sociedade massificada": "Na sociedade de hoje, falta vida e sobra coesão. A nossa sociedade sofre de uma unidade imposta, de uma aglutinação forçada e violenta. São multidões e multidões esmagadas pelo império das leis, pelas necessidades técnicas, por exigências materiais"[9].

A vida do homem contemporâneo transcorre, na sua maior parte, no âmbito de grandes grupos de caráter profissional, ideológico, econômico ou de vizinhança. Dentro dessas coletividades, a pessoa não passa de simples elemento ou peça do conjunto total. Existe uma conduta grupal que torna desnecessária a conduta individual; a mera coexistência substitui a convivência. Ao integrar-se no grupo artificial, na massa, o homem deixa de ser ele mesmo para adotar um modo de vida uniforme e gregário. Em resumo,

---

(9) Andrés Vázquez de Prada, *Estudio sobre la amistad*, Rialp, Madri, 1956.

passa a não ter oportunidades nem estímulo para se concentrar no seu ser pessoal e limita-se a assumir passivamente o comportamento que a coletividade lhe impõe.

A sociedade massificada leva, pois, à despersonalização do homem, que deixa, progressivamente, de agir como um ser singular, livre e criativo, e perde a capacidade — o hábito — de relacionar-se de maneira pessoal, íntima, tanto no âmbito familiar como no da amizade: "Muitos homens são completamente ou quase completamente fruto das influências sociais do ambiente e constroem o seu modo de ser com tudo aquilo que recebem do meio e da coletividade [...]. São homens de tipo médio, vulgares e informes [...]; homens que carecem de solidão e fogem da solidão porque, se se virem sós, notarão o vazio em que se encontram, um vazio composto exclusivamente de lugares-comuns [...]; homens gregários, massificados, que repetem como autômatos o que aprenderam, e que, depois da enxurrada de formas abstratas recebidas, não possuem nenhum entusiasmo, nenhuma convicção verdadeiramente pessoal"[10].

Essa coletivização da vida não procede simplesmente de circunstâncias sociais e econômicas como, por exemplo, a concentração urbana ou a sociedade de consumo. Vivemos hoje num processo de exaltação do coletivo e de desvalorização do privado. O professor García Morente dizia já em 1945 que estávamos assistindo a um crescente predomínio do público sobre o privado e mesmo a uma invasão do público na intimidade do relacionamento pessoal: "O nosso viver é, hoje, um viver dissipado,

---

(10) Manuel García Morente, *Ensayos,* Madri, 1945, p. 34.

I. EDUCAÇÃO E AMIZADE

lançado para fora de si mesmo, exposto ao ar livre da publicidade. E, paralelamente, como fenômeno de penetração recíproca, a publicidade e a exterioridade invadem os nossos mais íntimos recintos pessoais por mil fendas que nós mesmos abrimos propositadamente. Parece que nos envergonhamos de ficar a sós ou com pouca gente; ou que nos sentimos acovardados ante a perspectiva de ter de haver-nos conosco mesmos e de ter que enfrentar a nossa própria consciência"[11].

Para García Morente, a relação pública é abstrata e anônima, já que nela não são duas pessoas que entram em contato — eu e você —, mas dois conceitos abstratos: o cidadão e o funcionário; o cliente e o profissional... Ao contrário, na relação privada, "um conhece o outro [...]. Não estão presentes duas abstrações, mas duas vidas reais, duas individualidades inconfundíveis, duas pessoas verdadeiras. Por trás da crosta que o coletivo, o social, o profissional, o político criaram em torno da autêntica personalidade, assoma agora pelo menos uma pequena parte desse *eu* íntimo, daquilo que cada um verdadeiramente é, sente e quer; pelo menos algum elemento da sua vida peculiar e intransferível"[12].

Como resumo desta breve análise da situação, penso que se pode dizer que existe na sociedade atual uma clara tendência para as relações impessoais. O protagonismo da pessoa diminui em benefício do protagonismo do coletivo. Falta, portanto, base suficiente para a convivência e a amizade. Temos de admitir, em consequência, que

---

(11) *Ibidem,* p. 9.
(12) *Ibidem,* p. 14.

a vida de amizade não é fácil hoje em dia, mas isso não significa que devamos pôr em dúvida a sua continuidade ou a sua necessidade.

Os argumentos dos filósofos gregos e latinos em favor da necessidade da amizade são válidos não apenas para a sua época, mas para todas. A necessidade de compartilhar a própria intimidade, de comunicar aos outros o que há de mais peculiar ao nosso ser e à nossa vida, de sermos amados pelo que somos, não é algo exclusivo deste ou daquele homem, mas um elemento comum a todos os homens de qualquer época ou condição. Quero dizer que são necessidades básicas da *pessoa*.

É precisamente por haver menos espaço para este tipo de relacionamento entre as pessoas na vida social atualmente que é urgente cultivar a amizade, educar as novas gerações para a vida de amizade. Deste modo, não só melhorarão as pessoas uma por uma, mas a própria sociedade, porque a amizade é "germe e raiz da vida social humana, mas não de uma vida social impessoal, segundo padrões abstratos, como a que reina em nossa sociedade massificada, e sim de uma vida pessoal, íntima, vital e criadora"[13].

3. A amizade exercita-se com a educação

Está muito difundida a falsa ideia de que a vida de amizade surge de modo necessário e puramente espontâneo em todas as pessoas. A amizade seria como uma planta que cresce por si mesma, sem que seja preciso cultivá-la.

---

(13) *Gran Enciclopedia Rialp*, verbete *Amistad*, vol. 2, p. 100.

No entanto, os fatos contradizem frequentemente essa suposição: muitas "amizades" não passam de relações superficiais e de simples conveniência; os pais queixam-se de que os seus filhos não têm amigos ou têm maus amigos; os amigos dos filhos costumam ser um dos principais motivos de conflito entre pais e filhos adolescentes... Parece razoável pensar que estes problemas podem ser evitados, ou ao menos reduzidos, se existir algum tipo de planejamento prévio para o exercício ou cultivo da verdadeira amizade durante a infância e a adolescência.

É preciso saber, neste sentido, que a conduta amistosa não se improvisa nem se desenvolve sem esforço. Exige que se cultivem capacidades muito diversas, como a abertura aos outros, que consiste em aprender a dar e em aprender a receber. Para isso, é preciso descobrir o valor das outras pessoas e superar as atitudes egocêntricas. O comportamento altruísta obriga-nos a contrariar muitas inclinações e caprichos pessoais. Exige, com frequência, que saibamos prescindir de coisas de que "gostamos" ou daquilo que nos "apetece" para atender ao que o amigo precisa de nós.

Um traço próprio do homem primário, imaturo, que não evoluiu, é permanecer encerrado em si mesmo. Mas a atitude contrária, a abertura generosa aos outros, não é coisa que se alcance em poucos dias. As pessoas amadurecem ao longo de muitos anos e modificam as suas atitudes por meio de um aprendizado exigente. As atitudes generosas, por outro lado, desenvolvem-se com maior dificuldade nas pessoas introvertidas e inseguras.

A amizade não é tanto uma ideia ou uma teoria, mas uma atividade. A virtude da amizade pertence ao gênero das atividades práticas e, por isso, só pode ser adquirida mediante o exercício. Como se costuma dizer, aprende--se a falar, falando; a jogar, jogando; a nadar, nadando... No entanto, é preciso ressalvar que não basta o exercício espontâneo e autossuficiente. É preciso, além disso, orientar os filhos para que possam descobrir a verdadeira amizade e saibam distingui-la dos inúmeros sucedâneos que existem atualmente.

Será que a conduta amistosa pode ser "aprendida" unicamente pela via operativa, isto é, sendo praticada uma e outra vez em situações diferentes? Parece-me que, em parte sim, em parte não. Sim porque — como acabamos de dizer — é uma atividade prática, ou seja, um hábito que, como todos os hábitos, é adquirido pela repetição de atos. E não, porque, do mesmo modo que não nos conformamos com falar, mas queremos falar *bem,* não nos devemos conformar com ser amigos e ter amigos: devemos querer ser *bons* amigos e querer ter *bons* amigos.

Isso situa a amizade no campo da virtude ou, melhor, de um conjunto de virtudes: os verdadeiros amigos são amigos *bons,* isto é, são sinceros, leais, respeitosos e generosos uns com os outros. Ora, esses bons hábitos operativos não se desenvolvem na infância e na adolescência sem o estímulo, a exigência e o bom exemplo dos pais e dos professores. Por conseguinte, a ajuda educativa neste campo é uma necessidade. *Não há verdadeira amizade sem educação da amizade.*

Que acontece quando a amizade é como uma "flor silvestre", isto é, cresce por si mesma, sem atenções nem cuidados? Que acontece quando a amizade fica à margem das preocupações educativas de pais e professores? Simplesmente torna-se muito mais difícil que sirva para aperfeiçoar os filhos como seres humanos, e corre o risco de converter-se numa fonte de problemas que poderiam ter sido evitados.

Os filhos precisam de uma ajuda educativa, em primeiro lugar, para aprenderem a ser *pessoas sociáveis,* que conheçam a difícil arte de conviver com todos, mesmo com os que são diferentes e pensam de outro modo. Isso exige o desenvolvimento progressivo de qualidades como a compreensão e a tolerância. Mas é necessário, em segundo lugar, estimular e orientar a capacidade para a *vida de amizade,* isto é, para a convivência mais íntima dentro de um círculo reduzido de pessoas escolhidas pelos próprios filhos.

Este segundo tipo de convivência é mais gratificante, mas também muito mais exigente. A amizade verdadeira tem regras que não podem ser violadas sem que se viole a própria amizade.

4. A educação é fruto da amizade

Não parece fácil educar os filhos ou alunos na virtude da amizade, levá-los a ter amigos e a ser bons amigos, se o pai ou o professor não são, ao mesmo tempo, amigos deles. Custa entender e aceitar determinada conduta — principalmente se é tão exigente como a de ser um bom amigo — quando quem no-la propõe não a vive conosco. Em contrapartida, a amizade do pai pelo filho ou do professor pelo aluno poupa por si só muitas explicações e prepara o terreno para a tarefa de educar a amizade.

Mas procuremos dar um outro passo: será que pode haver verdadeira *educação* — tanto da amizade como de

30 GERARDO CASTILLO

qualquer outro aspecto da vida humana — sem uma relação de amizade *mútua* entre educador e educando?

Como é evidente, a melhora pessoal própria do processo de educação não chega a efetuar-se sem uma primeira condição: que haja correspondência por parte do educando. Se este não quer melhorar, isto é, se não quer o seu próprio bem como pessoa, é impossível alcançar os objetivos educativos. Uma primeira forma de correspondência é a *docilidade*. O filho ou o aluno dócil aceitam o bem que lhes é proposto pela pessoa que os educa; mostram, assim, uma atitude favorável para serem educados. Podemos dizer que é a docilidade que permite que haja educação.

Encontramo-nos, no entanto, perante uma dificuldade: a docilidade é uma correspondência incompleta. A pessoa dócil limita-se a aceitar o bem que lhe é oferecido, sem desejar, ao mesmo tempo, o bem para o outro. Por outro lado, aceita o bem mais por vir de tal pessoa que pelo bem em si mesmo. Em consequência, a docilidade torna possível a educação, mas não a educação plena.

A educação plena só é alcançada através da amizade: "A docilidade é condição ou requisito inicial, não o fim último. No relacionamento educativo, a docilidade aspira a ser a primeira condição, não a forma última desse relacionamento. A docilidade na educação deve desembocar na amizade; e, se não se chega a esse ponto, a docilidade perde a razão de ser"[14].

A amizade, por sua vez, implica o mútuo desejo do bem. O amigo não se limita a aceitar o bem que lhe é

_____

(14) F. Altarejos, *Amistad e docilidad en la educación,* ICE, Universidade de Navarra, 1981, p. 5.

I. EDUCAÇÃO E AMIZADE

proposto, mas propõe, por sua vez, o bem ao seu amigo. Deseja e oferece o bem ao outro. Trata-se, portanto, de uma correspondência completa entre duas pessoas.

Deve-se aspirar a que os educandos correspondam, com o tempo, ao bem-querer dos seus educadores. Chega um momento — que costuma coincidir com o começo da puberdade — em que a docilidade não é suficiente para modificar as atitudes profundas. Quando se pretende orientar uma pessoa em questões que se prendem com o sentido da vida, a relação autoridade-obediência é insuficiente. É preciso, então, um relacionamento de afeto mútuo que permita entrar com naturalidade no reduto da intimidade, do que existe de mais pessoal. É apoiada nessa relação de amizade que a docilidade continua a ter sentido entre educador e educando.

Essa relação de amizade não é somente uma condição ou um requisito para que se possa dar a educação completa. É também a forma que molda a relação educativa. Não seria correto pensar assim: "Vou tornar-me amigo do meu filho ou do meu aluno para depois educá-lo". Isso seria instrumentalizar a amizade, seria usá-la como um artifício para manipular melhor a outra pessoa e, portanto, desvirtuar tanto a autêntica relação de amizade como a relação educativa.

Quando a relação educativa é autêntica relação de amizade e não algo postiço, consegue-se o "clima" necessário para que o educando melhore como pessoa. É um clima de confiança mútua: cada um confia no outro e espera dele coisas boas. E é um clima de exigência mútua: se o amigo não age bem, decepciona o seu amigo; e se este não adverte aquele, deixa de ajudá-lo quando mais precisa.

Poderíamos nos perguntar também que sentido tem para o aluno ou para o filho uma exigência ou uma correção que eles não consigam relacionar com o seu próprio bem, que interpretem, por exemplo, como um mero "desabafo" ou como uma "implicância dos mais velhos". Evidentemente, além de uma exigência desse gênero não ter sentido, representa para eles um autêntico mal, e pode facilmente ser interpretada como um mau exemplo.

Convém salientar, por fim, que, quando a relação educativa é relação de amizade, não é somente o filho ou o aluno quem melhora. Também o pai e o professor melhoram ao mesmo tempo, uma vez que se trata de um desejo *mútuo* de bem. Se o educando confia no educador e espera dele o que há de melhor, não sentirá este último a imperiosa necessidade de não frustrar essa confiança?

5. É possível a amizade entre adultos e jovens?

Quando se afirma que a educação plena exige a amizade entre o educador e o educando, quando se considera que a relação educativa deve ser uma relação de amizade, surge uma dúvida que é preciso resolver: até que ponto é possível a amizade entre duas pessoas de idades tão diferentes? Os adultos e os jovens podem ser amigos entre si do mesmo modo que duas pessoas da mesma idade?

Costumo fazer essa pergunta aos jovens — incluídos os adolescentes —, mas não às crianças, porque estas ainda não podem ter verdadeiras amizades. A criança não têm amigos, somente colegas de brincadeiras ou de estudo. Ainda não está em condições de criar vínculos

I. EDUCAÇÃO E AMIZADE 33

pessoais, de relacionar-se de maneira profunda e comprometida com outra pessoa. Já um adolescente pode muito bem manter um relacionamento de caráter interpessoal porque já tem capacidade para a vida interior, já tem consciência da sua realidade psíquica, dos pensamentos, sentimentos, desejos...

Temos de perguntar-nos, portanto, se é possível que adultos e jovens sejam amigos uns dos outros, pois uma condição fundamental da amizade é justamente a *semelhança* entre as duas pessoas unidas por esse vínculo. São Tomás mostra que a semelhança entre a pessoa que ama e a que é amada é condição necessária do amor de benevolência, do bem-querer. Os amigos são semelhantes no que desejam e no que sentem: "É próprio dos amigos querer e não querer as mesmas coisas, alegrar-se e sofrer com as mesmas coisas"[15].

É preciso esclarecer, no entanto, que a afinidade espiritual entre dois amigos não pode nem precisa ser total. Algumas divergências podem mesmo reforçá-la, sempre que sejam acessórias. A amizade existe não *apesar* das diferenças entre os amigos, mas *em função* tanto das suas semelhanças como das suas diferenças. Tanto umas como outras são duas forças em movimento que tornam possível o dinamismo da amizade.

Quando se analisam casos exemplares de amizade, relações de amizade autênticas e que perduram toda a vida, vê-se, por um lado, que os dois amigos têm um *ideal comum,* e por outro que são duas personalidades diferentes que passam a percorrer o caminho da vida,

---

(15) São Tomás, *Suma contra os gentios,* 151. I-II, q. 28, a. 2.

complementando-se entre si. As diferenças entre os dois amigos enriquecem os dois; cada um pode fornecer algo ao outro e aprender algo do outro justamente por serem diferentes em alguma coisa.

Cada pessoa é sempre superior ao seu amigo em algum aspecto. É superior por ser "alguém", por ser uma realidade particular, peculiar, que não pode ser reduzida a nenhuma outra realidade. É superior por ser pessoa. Ora bem, a admiração e o fascínio ante a superioridade moral do outro em algum aspecto é justamente um dos "detonadores" que fazem surgir a amizade. Concluímos assim que, na amizade, é possível e mesmo necessária uma certa diferença ou desigualdade. Mas devemos acrescentar também que a amizade pode e deve reduzir a distância entre dois amigos, quando esta é excessiva.

Encontramos esta tese já em Aristóteles. O filósofo grego pergunta-se se será possível a amizade entre pessoas que se encontram num plano diferente por motivos de idade, de situação econômica ou de cultura. Responde afirmando que, como a amizade está mais em querer do que em ser querido, aqueles que são desiguais podem igualar-se e tornar-se amigos[16].

Penso que as observações que acabamos de fazer ajudam a compreender por que existem muitos casos verdadeiros de amizade entre adultos e jovens. Estas razões servem, na minha opinião, para deixarmos de considerar a diferença de idade como um obstáculo insuperável para a vida de amizade. Um testemunho valioso a favor desta posição é o de Julián Marias, para quem a amizade entre

---

(16) Aristóteles, *Ética a Nicômaco,* VIII, 1158 b.

I. EDUCAÇÃO E AMIZADE

mestres e discípulos "sempre foi um dos motores da história e, principalmente, da transmissão e criação da cultura"[17]. Outro testemunho importante é o de Laín Entralgo, que nos mostra que, embora não seja frequente a amizade entre membros de gerações diferentes, isso "não impede que o carinho paterno-filial e a estima discipular se aproximem, em muitas ocasiões, de uma amizade indiscutível e muito autêntica"[18].

Chegados a este ponto, atrevo-me a estabelecer duas conclusões. A primeira é que a amizade entre adultos e jovens é difícil, já que, em princípio, uns e outros não querem nem se alegram com as mesmas coisas; mas nem por isso é impossível. E a segunda é que essa dificuldade é, na realidade, muito pequena quando os adultos possuem determinadas qualidades e sabem comunicar-se com os jovens. É a ausência dessas qualidades que torna rara a amizade entre uns e outros, muito mais do que a diferença de gerações.

Os adolescentes e os jovens admiram os adultos que são coerentes no seu comportamento habitual. Valorizam muito a fidelidade aos princípios e, em sentido contrário, censuram vivamente a contradição sistemática entre o que se diz e o que se faz. Para eles, essa contradição é uma hipocrisia intolerável. O adulto precisa, pois, de ter diante dos jovens o prestígio da coerência, como caminho necessário para chegar à amizade com eles.

Mas isso não é suficiente: é preciso também que o adulto se adapte ao mundo dos jovens. Isto deve levá-lo

---

(17) Julián Marias, *Breve tratado de la ilusión,* Alianza Editorial, Madri, 1984, p. 84.

(18) Laín Entralgo, *Sobre la amistad,* Espasa-Calpe, Madri, 1985, p. 240.

a "aceitar a inquietude renovadora que a «nova geração» trouxe ao mundo e a relativa incomodidade que eventualmente venha a resultar dela. Os olimpicamente orgulhosos não conseguem ser amigos de ninguém, e muito menos dos jovens"[19].

Naturalmente, o jovem deve evitar por sua vez a autossuficiência e o desprezo pela experiência dos mais velhos. Ser-lhe-á mais fácil estabelecer uma relação de amizade se tiver um desejo sincero de melhorar e de aprender. Além disso, deve ter a humildade necessária para deixar-se guiar, em algumas questões, por aqueles que já percorreram um maior trecho do caminho da vida.

Dos mais jovens e dos mais velhos, espera-se, pois, que, sem deixarem de ser pessoas da sua idade, saibam ao mesmo tempo estar abertos ao que não é próprio do seu tempo.

Os adultos, pais e professores que querem ser amigos dos jovens não devem ser mera fonte de recursos materiais para eles. Os que se limitam a ser úteis aos seus filhos ou aos seus alunos expõem-se a ser considerados por eles como meros instrumentos para conseguir coisas. Desperdiçam assim as melhores ocasiões ao seu alcance para transmitir-lhes experiências, contar-lhes coisas íntimas, fazer-lhes perguntas que os levem a pensar... Numa palavra, para chegarem à amizade com eles.

Os filhos adolescentes e jovens continuam a precisar dos seus pais, mesmo que nem sempre o percebam ou mesmo que não tenham a humildade e a simplicidade necessárias para reconhecê-lo. E precisam deles não só

---

(19) *Ibidem*, p. 241.

I. EDUCAÇÃO E AMIZADE

para receber isto ou aquilo, mas também para lhes *dar um pouco de si mesmos*. É um erro esperar dos filhos uma correspondência puramente passiva, isto é, a simples obediência. É preciso criar oportunidades para que possam fazer com os seus pais algumas das coisas que fazem com os seus amigos: opinar, falar de qualquer tema com liberdade, *aconselhar*, ajudar...

Muitos pais querem que os filhos lhes falem das suas preocupações pessoais sem eles mesmos lhes falarem nunca de si próprios. Outros pais dão muitos conselhos sem pedirem nenhum em troca. Esquecem que a amizade é uma "relação de ida e volta", recíproca.

Nunca será fácil para os pais serem amigos dos seus filhos adolescentes e jovens. Mas sempre poderão consegui-lo se tiverem verdadeiro empenho e se usarem dos meios necessários: "Sempre aconselho aos pais que procurem tornar-se amigos dos filhos. Pode-se harmonizar perfeitamente a autoridade paterna, requerida pela própria educação, com um sentimento de amizade, que exige colocar-se de alguma maneira no mesmo nível dos filhos. Os moços — mesmo os que parecem mais rebeldes e desabridos — desejam sempre essa aproximação, essa fraternidade com os pais. O segredo costuma estar na confiança: saibam os pais educar num clima de familiaridade; não deem nunca a impressão de que desconfiam; deem liberdade e ensinem a administrá-la com responsabilidade pessoal"[20].

Pôr-se no nível dos jovens permite conseguir essa margem de igualdade ou semelhança exigida pela relação

---

(20) São Josemaria Escrivá, *Entrevistas com Mons. Josemaria Escrivá*, 4ª ed., Quadrante, São Paulo, 2016, n. 100.

de amizade. Não se trata de "esquecer" que se é adulto e pai, mas de escutar cada filho, tentando compreender os seus pontos de vista; de dar valor ao que ele diz e faz; de aprender dele. Em resumo, de vê-lo como pessoa, de *tomá-lo a sério*.

Confiar nos filhos é uma condição necessária para que, por sua vez, os filhos confiem nos pais e conversem com eles sobre questões pessoais. Não há amizade autêntica sem credibilidade. Cada um dos dois amigos tem de poder acreditar no outro, confiar nele.

É preciso esclarecer, por fim, que o tipo de amizade entre pais e filhos ou entre professores e alunos nunca será igual ao das pessoas que têm mais ou menos a mesma idade. Não pode haver a mesma afinidade espiritual, porque há menos interesses em comum e a mentalidade é diferente; não pode haver a mesma intimidade, porque a autoridade dos pais costuma dificultar o exercício da confidência; não pode haver, por fim, a mesma oportunidade de ajuda mútua, porque os mais velhos costumam limitar-se a dar e os jovens costumam limitar-se a receber.

A conclusão é que pode haver amizade entre adultos e jovens se se derem as condições que acabamos de ver, mas não fora delas. É bem verdade que, na melhor das hipóteses, será um grau de amizade menor do que a que se dá entre pessoas da mesma idade, mas esse grau de amizade é uma meta que vale a pena, porque é o que permite — como já vimos — que a relação educativa atinja a sua plenitude.

Não há dúvida de que existem situações, como veremos, em que a meta da amizade entre adultos e jovens é especialmente difícil ou até impossível. O que se deve fazer nesses casos é tentar ao menos uma relação de confiança mútua e de comunicação afetiva ou de simpatia entre uns e outros.

II. O que é peculiar
à amizade?

1. Afeto desinteressado e benevolência recíproca

A amizade costuma ser definida como um *afeto recíproco e desinteressado entre duas pessoas*. É preciso esclarecer, no entanto, que o afeto não é um elemento específico da amizade, mas algo comum a todas as modalidades de amor. Encontramos afeto no amor entre homem e mulher, no amor entre pais e filhos e no amor entre amigos.

Podemos dizer, por isso, que a amizade traz consigo o afeto, mas não que o afeto seja o que há de mais essencial ou radical na amizade. "A amizade é apenas secundariamente um sentimento. Os sentimentos estão no *eu* e dirigem-se para o *eu*, ao passo que a amizade está voltada para o *tu* e é muito mais um fazer do que um sentir [...]. A amizade é uma maneira de viver, mais do que um sentimento subjetivo. O matiz sentimental é um elemento que se acrescenta à amizade, mas não é nem a finalidade, nem o exercício, nem a condição da relação amistosa"[1].

O aspecto afetivo da amizade é como um dom: é recebido sem ter sido buscado. Em contrapartida, o aspecto essencial é a abertura ao *tu*. É uma maneira de viver em que cada um dos amigos *vive para o outro*. Aristóteles sustenta que, para os amigos, a *convivência* sobrepõe-se a todas as coisas e que é natural que se aspire a ela. Os amigos comprazem-se conversando um com o outro e ouvindo um ao outro[2].

A "amizade não é propriamente um afeto, mas uma *relação social* que inclui o afeto"[3]. É uma relação essencialmente *social* na medida em que a ação dos amigos é mútua, bilateral e recíproca: "onde não há reciprocidade, não há amizade"[4].

Nas outras modalidades de amor pode-se amar sem ser amado ou correspondido; não se requer *necessariamente* a reciprocidade, o amor mútuo, embora um amor verdadeiro deva aspirar à doação mútua. Um homem pode apaixonar-se por uma mulher que o ignora. Um pai pode continuar a querer bem ao filho que abandona o lar. Mas eu não posso ser amigo de quem não quer ser meu amigo. E também não posso conservar uma amizade já estabelecida se o outro, o amigo, deixa de preocupar-se comigo e passa a tratar-me com indiferença.

O afeto que a amizade traz consigo é *desinteressado:* "O que caracteriza a amizade não é o sexo, como na união

---

(1) Manuel García Morente, *Ensayos,* p. 37.

(2) Cf. Aristóteles, *Ética a Nicômaco,* n. 1172a.

(3) *Gran Enciclopedia Rialp,* verbete *Amistad,* vol. II, p. 99.

(4) Platão, *Lísias ou da amizade,* n. 212d.

II. O QUE É PECULIAR À AMIZADE?

conjugal, nem o lucro ou o interesse, como em outros tipos de sociedade, mas o afeto desinteressado ou *amor de benevolência*, como o define São Tomás de Aquino: amor que quer simples e puramente o bem do amigo"[5].

Aristóteles distingue a "amizade perfeita" da "amizade acidental". As amizades nascidas em função do interesse ou do prazer pertencem ao segundo gênero: "Os que se querem por interesse *não se querem por si mesmos,* mas apenas na medida em que tiram proveito uns dos outros. Da mesma forma, os que se querem pelo prazer que sentem, as pessoas frívolas, não têm afeto aos outros por estes terem uma índole determinada, mas simplesmente por lhes serem agradáveis. Portanto, nos que se querem por interesse, o afeto obedece ao bem deles mesmos, tal como obedece ao gosto nos que se querem por prazer; não *à maneira de ser do amigo,* mas ao fato de este lhes ser útil ou agradável. São amizades acidentais, uma vez que não se quer bem ao amigo por ser ele quem é, mas porque se busca, num caso, a utilidade, e, no outro, o prazer"[6].

Aristóteles acrescenta que as "amizades acidentais" se dissolvem com facilidade e costumam dar-se principalmente entre os velhos. Já a "amizade perfeita" se caracteriza por "desejar o bem do amigo pelo próprio amigo", pelo seu modo de ser, não pelo benefício que me pode proporcionar. Cada amigo quer o bem do outro porque o outro é bom. Por isso, a amizade continua enquanto ambos continuarem a ser bons"[7].

---

(5) *Gran Enciclopedia Rialp,* p. 100.

(6) Aristóteles, *Ética a Nicômaco,* n. 1156; grifo nosso.

(7) Aristóteles, *Ética a Nicômaco,* ns. 1155b e 1156b.

Para ser amigo de alguém, tenho de ser *benevolente* para com ele, isto é, tenho que *desejar o seu bem* de forma altruísta. Não pode mover-me uma necessidade pessoal nem a intenção de desfrutar de um bem. Quero que o bem seja desfrutado pelo amigo; e, se desfruto dele, é apenas porque ele o desfruta. O outro representa, para mim, um *bem em si mesmo,* e as alegrias que a amizade me traz são sempre uma consequência. Os amores *concupiscentes,* pelo contrário, correspondem a uma necessidade, a uma busca de algo que nos falta, e neste caso o outro representa apenas um *bem para mim.*

Mas não devemos confundir a simples atitude de quem nos quer bem com a relação social a que chamamos amizade. A benevolência é condição *necessária* para que haja amizade, mas não *suficiente.* Aristóteles esclarece esta questão quando, depois de insistir em que se deve desejar o bem do amigo pelo próprio amigo, acrescenta: "Dos que assim desejam o bem do outro, dizemos que são apenas *benévolos* se não há o mesmo sentimento da parte do outro, pois *é só quando a benevolência é recíproca que dizemos que é amizade.* Ou, deveríamos acrescentar, quando não passa despercebida [...]. Porque, como podemos chamar amigos aos outros se desconhecem a nossa disposição benévola para com eles? É preciso que haja benevolência recíproca e que cada um queira o bem do outro sem que isso seja desconhecido a qualquer deles"[8].

Para que se dê essa peculiar relação social que é a amizade não basta, portanto, a mútua disposição favorável. É preciso que as duas pessoas envolvidas tenham consciência

---

(8) Aristóteles, *Ética a Nicômaco,* 1155b; grifo nosso.

II. O QUE É PECULIAR À AMIZADE? 45

dessa disposição por parte do outro. Não é comum, suponho, a situação de uma "benevolência recíproca despercebida", porque todos tendemos a descobrir quem deseja o nosso bem, quem nos quer bem de verdade. Mas nem sempre acontece assim, pelas razões mais diversas; é possível, por exemplo, que não saibamos com clareza qual é o nosso bem como pessoas, ou pode acontecer também que a pessoa que me quer bem "me caia mal" por uma razão qualquer. Não deveríamos, pois, cultivar em nós e em todas as pessoas essa sensibilidade especial para detectar quem realmente nos quer bem? Não se encontra aqui uma base importante para possibilitar o nascimento de novas amizades?

Em resumo: a amizade é uma convivência, uma comunicação para o *bem mútuo* dos amigos.

Para que essa relação social passe a existir é preciso, em primeiro lugar, que existam pessoas benévolas, porque "a benevolência é o princípio da amizade [...]. Não é possível que alguém seja amigo se não tem senso de benevolência".

Além disso, a benevolência é diferente do afeto, ainda que esteja muito ligada ao afeto. É diferente "porque não tem a tensão nem o desejo que acompanham o afeto"[9]. Para que o afeto seja desinteressado, deve ser precedido por uma atitude benevolente.

Em terceiro lugar, é preciso que a benevolência seja mútua: "Poderíamos dizer que a benevolência é amizade inativa que, com a passagem do tempo e o início do relacionamento, se converte em amizade"[10].

---

(9) Aristóteles, *Ética a Nicômaco,* n. 1167a.

(10) *Idem, ibidem.*

2. Intercâmbio de confidências

Se a amizade é uma modalidade de amor, devemos perguntar-nos qual é o aspecto peculiar da comunicação amorosa própria da amizade.

Para encontrar uma resposta satisfatória a esta pergunta, temos de partir daquilo que torna toda a comunicação de amor mais autêntica. Na opinião de Laín Entralgo, esse elemento é a *doação patente:* "patente porque, como diz São Tomás, «pertence à razão de ser da amizade que esta não seja oculta»; e doação porque «dar de si» ao outro é o que primariamente torna amorosa uma relação entre os homens"[11].

E como se faz essa doação ao amigo? Por meio de atos de benevolência e beneficência, isto é, querendo de verdade o bem do amigo e fazendo-lhe o bem. Não bastam, portanto, os simples bons desejos, já que a amizade se realiza por meio de atos. A amizade é, como vimos, uma *forma de viver,* e não só nem principalmente um modo de sentir, um afeto.

Mas, para chegarmos à verdadeira amizade, falta-nos ainda resolver um problema que Laín Entralgo formula da seguinte maneira: "Como pode a relação de benevolência e beneficência com *uma* pessoa — com uma pessoa indeterminada do próximo — transformar-se em relação de benevolência e beneficência com *tal* pessoa — a intransferível pessoa do amigo?"

Para esse autor, a resposta é muito clara. Diz-nos ele que "só pode ser esta: unicamente pela *confidência,* isto

---

(11) Laín Entralgo, *Sobre la amistad,* p. 159.

II. O QUE É PECULIAR À AMIZADE?

é, unicamente quando a relação interpessoal consiste em verter no outro o que a pessoa tem de mais íntimo, de mais «próprio»"[12].

Vemos assim que nem sempre a relação de benevolência e beneficência é amizade. Quando dou ao outro simplesmente algo do que faço ou tenho, ainda não cheguei à doação de amizade. Quando ajudo outra pessoa apenas porque está necessitada, não estabeleci uma relação de amizade. Para que exista amizade, devo "dar ao outro algo do que sou, do meu próprio ser". A amizade consiste na "doação de uma parte da minha própria intimidade; portanto, no exercício da confidência"[13]. Ou seja, trata-se de entregar uma parcela da própria intimidade mediante a comunicação leal e aberta dos segredos do coração, a *confidência;* é esta que faz com que a benevolência e a beneficência cheguem a ser autêntica amizade.

Devemos falar de "confidência" ou de "confiança"? García Morente afirma que tanto uma como outra "implicam revelação completa e mútua da alma", mas relaciona a primeira com o amor e a segunda com a amizade: "a confidência é, no amor, o que a confiança é na amizade"[14].

Morente explica que, no amor, a convivência entre as duas pessoas que se amam busca a unificação: ambas aspiram a fundir as suas duas vidas numa só. Entre elas, não existe propriamente uma transmissão de ideias e sentimentos, mas um ato único e comum de pensar

---

(12) Laín Entralgo, *Sobre la amistad,* p. 66.

(13) *Ibidem,* pp. 162, 170 e 171.

(14) García Morente, *Ensayos,* p. 42.

48 GERARDO CASTILLO

e de sentir. E, para isso, é necessária a abertura total da alma entre os que se amam, quer dizer, a *confidência*. Já a amizade procura desenvolver aquilo que cada amigo é. Trata-se de uma ação recíproca, não de uma paixão comum. Existe um intercâmbio de informações, não de atos de vida em comum. E isso é possível em virtude da *confiança*:

"Que um amigo tenha confiança no amigo significa que um e outro se sabem credores e devedores. O respeito mútuo que condiciona a amizade imprime confiança à relação amistosa, porque cada um dos amigos confia em que o outro, sem deixar de ser quem é, contribuirá ativamente para a realização da sua vida"[15].

Ao contrário de Morente, Laín Entralgo não confere à palavra *confidência* o sentido de fusão de duas vidas numa só. Ressalta antes como fundamental o caráter individual dos amigos, as suas respectivas personalidades, tal como o exprime a conhecida frase de Montaigne: "porque ele era ele, porque eu era eu". É só com base na realidade individual, íntima e livre de cada amigo que será possível o diálogo próprio da amizade, uma vez que a amizade é diálogo entre um "tu" e um "eu", entre dois seres desiguais e irrepetíveis.

Podemos, portanto, continuar a usar tranquilamente o termo *confidência* para falar da amizade, mas dando-lhe um sentido claramente diferente daquele que tem na relação amorosa. Os dois termos, "confidência" e "confiança", estão intimamente relacionados entre si dentro da vida de amizade:

---

(15) *Ibidem*, p. 42.

II. O QUE É PECULIAR À AMIZADE?

"Confidência é a abertura de um homem ao seu amigo; o que exige, por sua vez, a certeza de que os segredos serão guardados com discrição, além de se receberem os conselhos oportunos. Ao ato de abrir sinceramente a alma, que é um mero impulso anímico, junta-se a fé no confidente: a confiança. Estamos, pois, no caminho seguro para descobrir a finalidade da verdadeira amizade: ser amizade de confidência"[16].

Passemos agora a um outro problema: a revelação mútua da alma, essa comunicação dos segredos do coração que é a confidência, será sempre expressão de amizade? Encontramos, na vida real, muitos casos em que a confidência é mero desabafo por parte de quem a faz e simples curiosidade por parte de quem a recebe. Pode haver, nesses casos, uma entrega da intimidade, mas não amizade. Para que a confidência seja amistosa, é preciso que "seja feita com a intenção de conseguir um bem tanto para quem a faz como para quem a recebe"[17].

Quando alguém comunica ao seu amigo uma experiência pessoal ou um sentimento de tipo espiritual, não o faz por interesse próprio, mas porque quer o bem do amigo. Ora, querer-lhe bem de verdade é querê-lo *melhor* como pessoa: mais livre, mais fiel à sua vocação pessoal, mais responsável... E se o quero melhor, comunico-lhe o melhor de mim mesmo, dou-lhe o que sou, o que tenho de mais íntimo e pessoal. Querer bem ao amigo exige também calar o que ele não pode entender nesse momento ou o que poderia prejudicá-lo.

---

(16) Andrés Vázquez de Prada, *Estudio sobre la amistad*, p. 222.

(17) Laín Entralgo, *Sobre la amistad*, p. 176.

Devo, portanto, ser exigente comigo mesmo ao abrir--me com o meu amigo: não devo comunicar-lhe tudo o que trago no coração, mas saber selecionar as experiências pessoais que mais sirvam para ajudá-lo a melhorar. E isso sabendo, ao mesmo tempo, que o ajudo não para que ele seja como eu, uma espécie de "sósia" de mim mesmo, mas para que seja o que *ele* deve ser. Trata-se de ajudá-lo a descobrir e realizar o seu "melhor eu", respeitando o que ele é.

Devo também exigir muito de mim mesmo e exigir muito do meu amigo quando me faz uma confidência, por exemplo não aceitando essa revelação pessoal se não for eu a pessoa adequada para recebê-la ou se o momento não for adequado.

Laín Entralgo afirma que deve haver graus na confidência, pois ninguém é dono de toda a sua intimidade em determinado momento. Deve havê-los,

"porque eles existem também na amizade, e ao mesmo tempo porque assim o exige essa característica importantíssima da relação amistosa a que Kant chamou «respeito». Por mais íntima que seja uma amizade, devo respeitar nela a minha própria pessoa e a pessoa do meu amigo, e isto obriga-me a não deixar que a troca de confidências — ao contrário do que deve ser a confissão ao sacerdote de Deus — se converta jamais num obsceno ou cínico *strip-tease* moral"[18].

---

(18) *Ibidem*, p. 177.

3. Relação social baseada no modo de ser individual

Já vimos que a amizade não é propriamente um sentimento, mas uma ação recíproca e mútua entre os amigos. A vida de amizade não consiste tanto em sentir algo pelo amigo como em privar com ele, conversar, conviver, ajudar.

Devemos esclarecer, no entanto, que a relação social que se estabelece entre os amigos é muito diferente de outros tipos de relação social. Não se baseia no que é comum a todos os homens ou a um grupo deles. A circunstância de trabalharem num mesmo lugar ou de trabalharem juntos não basta para que haja amizade. Também os vizinhos não são necessariamente amigos. Nestes últimos tipos de relação, dá-se uma espécie de "relacionamento público", em que não aflora o que é próprio de cada pessoa, mas o que é comum, coletivo. Na relação de amizade, pelo contrário, manifesta-se o que há de mais característico e íntimo de cada amigo através de um trato pessoal. Estamos, portanto, diante de uma relação pessoal de caráter específico, diante de uma *relação social privada*.

Numa relação pública, os homens não se conhecem uns aos outros de maneira pessoal. Que grau de conhecimento mútuo há entre um vendedor e um cliente ou entre um médico e o seu paciente? Há apenas um conhecimento superficial, aquele que é imprescindível para o desempenho de uma função. A amizade, pelo contrário, por ser uma relação privada, baseia-se num conhecimento *mútuo, íntimo, pessoal*.

Deve-se sublinhar, por conseguinte, que, embora seja uma relação essencialmente social, a amizade possui ao mesmo tempo um forte caráter individual: "Vista de fora, pode aparecer perante os outros como uma unidade transindividual; no interior da união de amizade, porém, cada um dos membros encontra-se voltado para o outro, não perante uma coletividade superior a ambos"[19]. Isto significa que a amizade é amor a uma determinada pessoa por ela ser *essa* pessoa determinada e nenhuma outra.

A amizade é, portanto, uma comunicação entre *pessoas,* não entre funções. Os amigos são amigos não por sua condição natural de indivíduos de uma mesma espécie zoológica, a espécie humana, mas "pela condição «pessoal» conferida a cada um deles pela sua realidade própria; uma realidade individual que é orgânica e viva e, ao mesmo tempo, íntima e livre, e precisamente por isso pode ser «própria», isto é, capaz de apropriação"[20].

Por ser pessoal e concreta, a relação social que se estabelece entre dois amigos baseia-se nas qualidades individuais de cada um deles. Esta característica permite-nos compreender com toda a clareza por que existem pessoas com amigos e pessoas sem amigos. Para ter amigos, devo *descobrir e cultivar o que tenho de próprio e peculiar* à minha maneira de ser, *agir como sou* e *deixar que os outros me conheçam.*

Para isso, preciso de simplicidade e naturalidade. Tenho de procurar evitar, portanto, tudo o que se oponha ao meu comportamento original, como por exemplo imitar o modo de ser de outras pessoas, representar "papéis" para impressionar os outros ou para "ficar bem", ou utilizar qualquer tipo de disfarce para esconder a minha

---

(19) *Gran Enciclopedia Rialp,* p. 99.
(20) Laín Entralgo, *Sobre la amistad,* p. 183.

II. O QUE É PECULIAR À AMIZADE? 53

personalidade. Se fizer qualquer dessas coisas, os outros não chegarão a conhecer o que tenho de peculiar, não poderão afeiçoar-se a mim pelo que sou, não poderão preferir-me a outras pessoas.

Da mesma forma, devo deixar que os outros se comportem como são. Procurarei descobrir neles o que têm de original e de diferente, e apreciarei esses aspectos como um tesouro e um mistério. Não pretenderei que o outro seja como eu e não "censurarei" os seus modos de agir que exprimam o que ele tem de irrepetível. Precisarei, finalmente, de muita *compreensão,* não apenas no sentido de ser "tolerante" para com os outros, mas também — e principalmente — no de experimentar um vivo desejo de entender cada realidade pessoal que me rodeia, a fim de penetrar nela com a admiração e o respeito que se sente diante do mistério.

Laín Entralgo ressalta que Montaigne fundamentava o vínculo de amizade no "caráter" pessoal daqueles a quem une. Esse caráter "é o particular modo de ser de uma pessoa determinada, quando esta se realiza psicológica e moralmente em seu mundo". Acrescenta esse autor que o "caráter" pessoal ou personalidade própria "é condição necessária para o nascimento e a permanência da amizade"[21].

4. A comunicação entre duas pessoas

Mas entre quantas pessoas se pode estabelecer essa relação social baseada no conhecimento das qualidades individuais a que chamamos amizade? Em outras palavras, é possível a amizade em grupo?

---

(21) *Ibidem,* p. 188.

Para Laín Entralgo, "na amizade comunicam-se mutuamente duas e apenas duas pessoas", e isso por força daquilo que a pessoa é e exige: "A realidade da pessoa humana, duplo e permanente mistério, é ao mesmo tempo absoluta e insondável. Por isso, *prestar atenção* a uma pessoa e *ser atencioso* com ela — duas atitudes que pertencem de modo essencial à relação amistosa— exige que, em cada momento concreto do tempo, a nossa atenção, constitutivamente limitada, esteja consagrada só e integralmente a essa pessoa. A convivência de amizade com uma pessoa obriga-nos a tratá-la, enquanto estivermos com ela, com exclusividade"[22].

Isso significa que só se pode ter um único amigo? De modo algum. É perfeitamente possível ter vários amigos íntimos, mas com uma condição fundamental: "As relações devem ser sempre rigorosamente pessoais, e não meramente de grupo"[23]. Pois, num "grupo de amigos", o comportamento pessoal está subordinado à ação comum do grupo, e a sensação de pertencer ao coletivo predomina claramente sobre o diálogo entre os membros. Prova clara disto é que, nessas situações, as confidências — que são, como vimos, o traço mais característico da amizade — costumam ser coletivas, isto é, dizem respeito a realidades ou modos de sentir comuns a todos os integrantes do grupo: são os chamados segredos do grupo. Neste caso, pode-se falar de *coleguismo,* mas não de amizade. Só se o grupo se fragmenta em vários subgrupos de dois membros é que se toma possível que surja a amizade propriamente dita.

---

(22) *Ibidem,* p. 187.

(23) Julián Marias, *Breve tratado de la ilusión,* p. 93.

II. O QUE É PECULIAR À AMIZADE?

Embora possamos ter mais de um amigo íntimo, a maioria dos autores afirma que não é comum uma pessoa ter muitos amigos autênticos. Uma razão que explica isso é a dificuldade de se chegar a uma afinidade espiritual profunda com pessoas muito diferentes entre si.

Na opinião de Aristóteles, "não é possível ser amigo de muitas pessoas com amizade perfeita, como também não é possível estar apaixonado por muitas pessoas ao mesmo tempo [...]. Não é fácil que muitos agradem extraordinariamente a alguém ao mesmo tempo, ou que todos sejam benevolentes para com ele. Além disso, é preciso ganhar experiência e chegar à intimidade, o que é muito difícil. Já quando se procura a conveniência ou o prazer, é perfeitamente possível que muitos agradem ao mesmo tempo, pois são muitos os que reúnem as condições necessárias e esse tipo de favores não requer muito tempo"[24].

Aristóteles pergunta-se qual o número de bons amigos que seria aconselhável ter, e responde que não se pode falar de um número determinado, mas de certos limites: "O número de amigos é limitado, e corresponde provavelmente ao maior número de pessoas com quem é possível conviver, pois parece evidente que não é possível conviver com muitos e distribuir-se entre muitos. Também não parece ser possível ter uma amizade profunda com muitos, ou seja, amar muitas pessoas [...]. Portanto, uma grande amizade só é possível com poucos"[25].

Percebemos assim que a impossibilidade de conviver intimamente com muitas pessoas é a segunda grande

---

(24) Aristóteles, *Ética a Nicômaco*, n. 1159a.
(25) *Ibidem*, n. 1171a.

dificuldade para se chegar a ter muitos amigos íntimos. De acordo com a expressão de Laín Entralgo, é muito difícil *prestar atenção* a muitas pessoas e *ser atencioso* com todas elas.

Ora, se é assim, que dizer dos que "são amigos de todos"? Para Aristóteles, "os que têm muitos amigos e se relacionam familiarmente com todos dão a impressão de não serem amigos de ninguém, a não ser por mera civilidade, e costumam ser chamados obsequiosos. Pode-se certamente, por amabilidade ou cortesia, ser amigo de muitos mesmo sem cair na obsequiosidade, apenas por uma autêntica bondade de caráter. Se considerarmos, porém, a importância que é preciso dar aos amigos e se os amarmos por eles mesmos, veremos que é impossível ser amigo de muitos; e é de dar graças se encontramos alguns poucos que mereçam esse nome"[26].

Ou seja, podem-se ter muitos "amigos" quando não se lhes quer bem por eles mesmos, mas apenas pela utilidade ou prazer que proporcionam. Este tipo de amizade é muito pouco exigente, já que busca apenas o bem próprio, a satisfação própria. Quando se quer bem aos amigos pelo seu modo de ser, a cada um deles por ser quem é, quando se deseja acima de tudo o bem deles como pessoas, não é fácil ter muitos amigos. A amizade íntima e desinteressada é muito mais exigente do que a amizade superficial e de conveniência. Na amizade autêntica não basta receber, é preciso dar. E esse dar não se reduz a coisas materiais; trata-se, sobretudo, de *dar-se,* de desvelar-se por cada amigo.

---

(26) *Ibidem,* n. 1171.

II. O QUE É PECULIAR À AMIZADE? 57

Mas, além dessa atitude generosa e magnânima, própria de uma "alma grande", é necessário tempo para cada amigo. Tempo, sobretudo para falar com ele, uma vez que "a conversa é a prática e a suprema alegria da amizade"[27]. Nesta nossa sociedade da correria e da dependência televisiva, encontrar esse tesouro do tempo para presenteá-lo a um amigo não é nada fácil.

5. Ajuda mútua para o desenvolvimento pessoal

A vida de amizade não se reduz à simpatia mútua nem à comunicação afetiva. Também não se limita a *desejar* o bem do amigo. Se fosse assim, seria uma doação meramente teórica, um amor sem obras e sem compromisso. Faltaria a *entrega*, a doação ao amigo. Por isso, Sócrates afirmava que "a benevolência dos amigos é inútil se não se sabe combiná-la com um certo oferecimento de ajuda"[28].

O comportamento amistoso também não se limita a oferecer ajuda ao amigo. Não há dúvida de que a amizade verdadeira exclui o egoísmo — o propósito de conseguir unicamente e acima de tudo o que é "meu" —, mas isso não significa que exclua a necessidade de *aceitar a ajuda* do amigo. Se isso acontecesse, a relação de amizade seria impossível, pois que sentido tem dar alguma coisa a alguém que não está disposto a recebê-la?

Na amizade, como nas outras modalidades de amor, dar e receber são um binômio que não se pode romper

---

(27) Emerson, *El hombre y el mundo,* Madri, 1960.

(28) Cit. por Andrés Vázquez de Prada, *Estudio sobre la amistad,* p. 227.

nem separar. A capacidade de receber, por parte de um dos amigos, é a oportunidade e o estímulo para que o outro desenvolva a capacidade de dar; e, da mesma forma, a capacidade de dar estabelece a base necessária para que o outro aprenda a receber — aprendizado por vezes bem mais difícil que o de dar, pois exige muito mais humildade.

Não devemos esquecer também que, para uma pessoa poder dar alguma coisa a outra de forma habitual, quer na relação de amizade, quer na de amor, tem de enriquecer-se a si mesma, "alimentar-se" também de modo habitual. Se prescindo da ajuda dos meus amigos — da sua experiência, do seu conselho, das suas advertências, das suas perguntas, da sua correção... —, chegará um momento em que não terei nada para oferecer-lhes. As minhas "reservas" ter-se-ão esgotado e a única coisa que farei será repetir-me. Deve-se insistir, portanto, em que a amizade *beneficia os dois amigos.*

Esse benefício mútuo é necessário tanto nos momentos adversos como nos momentos favoráveis. Aristóteles pergunta: "Precisamos mais dos amigos na prosperidade ou nos infortúnios?" E responde: "Devemos buscá-los em todas as situações, pois os que passam por alguma adversidade precisam de assistência, e os prósperos precisam de alguém que conviva com eles e a quem possam ajudar, porque desejam fazer o bem"[29].

De qualquer modo, o ato de dar tem prioridade sobre o de receber. Aristóteles afirma que "de bom grado deveríamos fazer os nossos amigos participarem das nossas

---

(29) Aristóteles, *Ética a Nicômaco*, n. 1171.

II. O QUE É PECULIAR À AMIZADE? 59

alegrias, porque é nobre fazer o bem aos outros, e evitar na medida do possível que participem das nossas adversidades, porque os males devem ser compartilhados o menos possível; diz o ditado que «já basta que eu seja infeliz»".

Se devemos ser muito prudentes e parcos à hora de pedir ajuda — continua o filósofo —, convém pelo contrário agir com muita decisão quando é hora de prestá-la: "É bom acudir aos que passam por uma adversidade sem que tenham de chamar-nos e por iniciativa própria, porque é próprio do amigo fazer o bem principalmente aos que estão necessitados e não nos batem à porta, o que é especialmente nobre e grato para ambos".

Por outro lado, a parcimônia em aceitar ajudas não significa que devamos chegar ao extremo de rejeitá-las sistematicamente. Depois de aconselhar-nos a "ser lentos em aceitar favores, porque não é nobre estar ansioso de ser favorecido", Aristóteles acrescenta que "temos de evitar igualmente ganhar fama de displicentes por rejeitá-los" habitualmente[30].

Ao desejo mútuo do bem corresponde assim a prática mútua do bem, igualmente necessária à relação de amizade. Os amigos buscam ocasiões de fazer o bem um ao outro, de se ajudarem.

O primeiro bem que devemos desejar para os nossos amigos é que sejam *mais livres*. O amigo centra-se na pessoa do amigo e no seu aperfeiçoamento, que é o que verdadeiramente o liberta. Por isso mesmo, estimula o amigo a realizar generosamente, até o fim, a sua missão na terra,

---

(30) *Ibidem.*

a sua *vocação pessoal:* "Cada um dos amigos ajuda o outro na tarefa de viver. São duas vidas que se aproximam e correm em paralelo, sustentando-se uma à outra. Mas não se confundem nem pretendem confundir-se, antes conservam íntegras as suas maneiras de ser peculiares e próprias, as suas dedicações e ideais próprios"[31]. A este fenômeno de ajuda mútua no pleno desenvolvimento do ser García Morente chama "colaboração vital".

A amizade busca, portanto, o mútuo aperfeiçoamento dos amigos como pessoas. Se não os aperfeiçoa, não é verdadeira amizade. E uma amizade em que não haja uma contínua melhora dos amigos desvirtua-se, avilta-se pouco a pouco. Por isso, "a função mais direta e pessoal da amizade é a formação e o desenvolvimento do amigo. E esta tarefa requer um empenho e um cuidado perseverantes, já que se propõe nada mais nada menos do que desenvolver as possibilidades espirituais que todos trazemos dentro de nós, como seres perfectíveis que somos. É um trabalho de avanço constante e progressivo, a que gosto de chamar 'polimento do espírito'"[32].

Para ajudar os nossos amigos em seu aperfeiçoamento pessoal precisamos conhecê-los bem, vê-los de forma objetiva, com as suas virtudes e os seus defeitos. Mas até onde é possível essa objetividade na relação de amizade? Afinal de contas, na prática, existe sempre o risco de idealizar o amigo, de avaliar exageradamente as suas qualidades positivas e de ignorar ou silenciar os seus erros e limitações.

---

(31) Manuel García Morente, *Ensayos,* p. 38.

(32) Andrés Vázquez de Prada, *Sobre la amistad,* p. 226.

II. O QUE É PECULIAR À AMIZADE?

Por que idealizamos os nossos amigos? Porque, se somos amigos de alguém, se o escolhemos entre muitos que nunca chegarão a ser nossos amigos, é porque ele nos despertou certa admiração. Essa admiração pode dizer respeito apenas a algumas qualidades muito concretas ou a toda a personalidade do amigo. Neste último caso, o amigo é para mim a realização de um ideal concebido na minha imaginação.

A idealização do amigo pode acontecer em qualquer época, mas é muito mais comum na adolescência: "O adolescente projeta no amigo o seu «eu idealizado»; ama-o mais pela imagem que faz dele do que por si mesmo"[33].

Ora, se é verdade que essa imagem idealizada do amigo torna mais difícil fazer dele um juízo objetivo, não é menos verdade que isso não nos impede, a longo prazo, de conhecê-lo bem. Uma das principais qualidades da amizade é precisamente o conhecimento mútuo. O amigo abre a alma ao seu amigo, comunica-lhe os seus pensamentos, sentimentos, temores e esperanças mais íntimos. E o faz — no caso de uma verdadeira amizade — sem deformar as suas experiências pessoais, com plena sinceridade, o que não costuma acontecer nas outras formas de convivência, em que se procura ficar bem perante os outros.

Por outro lado, cada amigo deve saber muito bem que, quando o outro o superestima, na realidade não o está vendo como é, mas como gostaria que fosse. É um aspecto que não se deve esquecer, porque, além de impedir a presunção, pode transformar-se num estímulo para

---

(33) B. Reymond-Rivier, *El desarrollo social del niño y del adolescente*, Herder, Barcelona, 1972, p. 129.

chegarmos a ser como o amigo nos imagina e termos assim um projeto de melhora pessoal.

Como conclusão e síntese desta "excursão" que fizemos à busca do que é peculiar à amizade, penso que convém voltarmos a defini-la. Sugiro duas definições que resumem bem as características já mencionadas da relação de amizade.

Uma delas inspira-se em García Morente: a amizade é uma "relação social privada, normalmente entre duas pessoas, de caráter afetivo e desinteressado, baseada numa atração e afinidade espiritual e que caminha para uma colaboração vital"[34]. E a segunda é a de Laín Entralgo: "A amizade é uma comunicação afetiva entre duas pessoas, na qual, para o mútuo bem destas e através de dois modos singulares de ser homem, a natureza humana se realiza e aperfeiçoa"[35].

6. Convivência aprofundada e comprometida

Qual a diferença entre a amizade e a sociabilidade ou a simpatia?

O homem é sociável por natureza; está naturalmente inclinado à sociedade, isto é, a unir-se com outras pessoas para cooperar com elas em busca de algum fim. Essa qualidade denomina-se *sociabilidade.*

Por que o homem é naturalmente sociável? Ao contrário do que às vezes se diz, a principal razão da sociabilidade

---

(34) *Gran Enciclopédia Rialp,* verbete *Amistad,* p. 100.

(35) Laín Entralgo, *Sobre la amistad,* p. 157.

II. O QUE É PECULIAR À AMIZADE?

não é a necessidade material de contar com os outros; pelo contrário, "fundamenta-se no próprio ser do homem, coisa que significa riqueza e não pobreza [...]. O homem, imagem de Deus, isto é, substância espiritual, pessoal e criada, é comunicativo por essência, isto é, está disposto a oferecer aos outros os seus valores espirituais; e, por outro lado, inclina-se também a participar dos valores espirituais das outras pessoas. Todo o ser pessoal tende essencialmente a essa entrega e a essa participação, de forma que está ordenado por essência para o tu e para a sociedade"[36].

No entanto, apesar de se tratar de uma inclinação por natureza, pode haver homens psicologicamente sociáveis e outros insaciáveis, na medida em que na prática são mais ou menos abertos e comunicativos no relacionamento com os outros. E há igualmente homens sociáveis e insaciáveis no plano ético, na medida em que são generosos ou egoístas na sua atuação.

A amizade não teria sentido e, por isso mesmo, seria impossível entre seres não sociáveis por natureza, isto é, entre seres essencialmente não comunicativos, como são por exemplo as pedras ou as plantas. Da mesma forma, a amizade também é impossível entre pessoas psicológica e eticamente insaciáveis. Aqueles que vivem só ou principalmente para si mesmos dificilmente chegarão a ter verdadeiros amigos, porque a amizade nasce e se exercita na convivência e na doação aos outros: "Se não chega a haver comunicação entre os diversos membros de uma sociedade ou de um grupo, também não pode haver algumas relações mais profundas e

---

(36) Joseph Höffner, *Doctrina social cristiana*, Rialp, Madri, 1964, p. 24.

específicas, como são a amizade ou o amor entre homem e mulher"[37].

Isso significa que o encontro entre duas pessoas que possuam a virtude da sociabilidade se converte necessariamente em amizade? De forma alguma. Ser sociável é uma condição necessária para que haja amizade, mas não é condição suficiente. Comunicar-se com os outros, conviver, participar de atividades comuns, cooperar com outras pessoas não é ser amigo delas.

Que falta então a um homem sociável para converter-se em amigo? Aquilo que já vimos: a intimidade. A sociabilidade orienta para o bem comum homens ou mulheres de um grupo que não se conhecem entre si como pessoas singulares; em consequência, a comunicação própria da sociabilidade não é tão profunda como a comunicação própria da amizade. Aliás, na vida cotidiana não é frequente confundir mera sociabilidade com amizade.

Já uma relação de *simpatia* costuma ser vista muitas vezes como relação de amizade. A palavra *simpatia* vem do grego *sympátheia* que, por sua vez, vem de *syn* (com, junto com) e *pathein* (sentir, experimentar, sofrer). Literalmente, significa "sentir com". É uma relação favorável à comunicação espontânea de sentimentos entre os seres humanos. Ou, para dizê-lo de outro modo, é uma conformidade, inclinação ou analogia afetuosa que uma pessoa experimenta com relação aos sentimentos de outra. Significa, portanto, *comunicação afetiva* entre duas pessoas.

---

(37) David Isaacs, *La educación de las virtudes humanas*, EUNSA, Pamplona, 1986, p. 409.

II. O QUE É PECULIAR À AMIZADE? 65

Existe uma segunda acepção do termo *simpatia:* modo de ser e caráter de uma pessoa que a tornam atraente ou agradável aos outros. É, na prática, o significado mais comum. "Ser simpático" é ser capaz de suscitar facilmente nos outros um sentimento de agrado e complacência.

Qual a diferença entre simpatia e amizade?

Em primeiro lugar, a simpatia é uma qualidade natural de algumas pessoas, ao passo que a amizade é um hábito adquirido. Pode-se ser simpático a todos ou a quase todos, sem fazer nenhum esforço pessoal, mas não se é amigo de todos sem esforço.

Em segundo lugar, a simpatia é uma simples conjunção do gosto próprio com o gosto alheio, ao passo que a amizade é amor mútuo, isto é, benevolência recíproca.

Em terceiro lugar, a simpatia apoia-se unicamente na emoção e no sentimento — a vontade livre limita-se a consentir —, ao passo que a amizade, tal como o amor, fundamenta-se num elemento muito mais profundo e essencial que o afeto: a vontade. A participação da vontade é decisiva na amizade, e é por isso que esta toma posse de todo o homem, não apenas de sua parte emocional[38].

A simpatia pertence, pois, a uma ordem diferente da do amor ou da amizade. É uma relação menos exigente, íntima e interpessoal. Limita-se à simples apreensão afetiva das experiências alheias: existe uma sintonia com o outro, mas "o problema dele não é problema meu".

A simpatia, é, pois, claramente diferente da amizade. No entanto, não é que não tenha nada a ver com ela.

---

(38) Cf. Karol Wojtyla, *Amor y responsabilidad,* Razón y Fe, Madri, 1978, pp. 93-96.

Não há sempre uma corrente de simpatia entre os amigos? A simpatia não é o começo de muitas amizades? Há, pois, uma íntima relação entre os dois fenômenos: "A simpatia por si só ainda não é amizade, mas cria as condições em que esta poderá nascer e alcançar a sua expressão objetiva, o seu clima e o seu calor afetivo. Sem o calor que a simpatia lhe confere, o fenômeno do recíproco «querer bem», por mais que seja a raiz da amizade, acaba no vazio"[39].

Destas ideias, podemos deduzir um objetivo educativo muito importante: *converter a simpatia em amizade*. A educação deve favorecer o desabrochar da simpatia para que chegue a transformar-se em amizade e, para isso, deve procurar complementar o mero sentimento de simpatia com a benevolência e com o compromisso da vontade. Isto exige, por sua vez, reflexão e conhecimento objetivo das pessoas.

A transformação da simpatia em amizade não é tão simples assim. Não é fácil passar da mera sintonia afetiva para a benevolência recíproca porque a benevolência requer, como vimos, a mobilização da vontade. Laín Entralgo distingue dois aspectos desta transição: a amizade *com* o simpático e a amizade *por parte* do simpático.

O "simpático" é agradável e amável. Por isso, a outra pessoa estará sempre disposta a ser generosa com ele e mesmo a fazer-se seu amigo. Mas a amizade somente surgirá se esta relação for recíproca, e é aqui que costumam surgir as maiores dificuldades: "O homem que «derrama simpatia» chega com frequência a ser amigo, verdadeiro amigo de alguém? Não me parece. Esse homem é mais «O amigo» do

---

(39) *Ibidem*, p. 96.

II. O QUE É PECULIAR À AMIZADE?

que «O meu amigo» ou «O teu amigo». Anímica e socialmente habituado a ser simpático, tende a instalar-se — no que diz respeito ao relacionamento com os outros — em regiões muito mais superficiais da alma do que aquelas em que se enraíza a amizade verdadeira"[40].

O "simpático" procura evitar, ao menos em princípio, um compromisso pessoal; não lhe interessa comprometer a sua vida com a do outro; prefere manter-se a uma certa distância dele, num simples co-sentimento. Mas a atitude benevolente, amistosa, por parte do outro pode ser uma ajuda decisiva para levá-lo a dar o salto da simpatia para a amizade. Portanto, a dificuldade antes mencionada "não é obstáculo para que o simpático passe da «afinidade indiferente» para a «afinidade eletiva» e se sinta movido à benevolência, à beneficência e à confidência para com esse «outro», por ser ele quem é, e assim surja entre ambos uma amizade verdadeira"[41].

Vejamos agora mais uma distinção entre a amizade e outras formas de convivência: em que se distingue da *camaradagem* e da *solidariedade?*

A *camaradagem,* como o próprio nome diz, é uma relação cordial entre camaradas. "Camarada" vem de câmara; é aquele que dorme no mesmo quarto e, por extensão, aquele que acompanha o outro e vive com ele. Assim, o companheiro de trabalho e de diversão é camarada; e a camaradagem, por sua vez, é a harmonia entre os companheiros.

---

(40) Laín Entralgo, *Sobre la amistad,* p. 306.

(41) *Ibidem,* p. 306.

São camaradas, portanto, as pessoas ligadas por interesses e tarefas comuns, pelas mesmas preocupações exteriores. Também se chegou a chamar "camaradas" aos que compartilhavam uma determinada ideologia.

Podemos, pois, definir a camaradagem como "associação cooperativa de um homem com outros para atingir um bem objetivo comum a todos, por meio da qual se estabelece entre eles uma certa solidariedade no projeto, na esperança e na fruição desse bem, assim como nos deveres e nos esforços que a sua obtenção possa exigir"[42].

O elemento compartilhado, seja ele trabalho, diversão, ideologia etc., estabelece um vínculo entre diversas pessoas que vivem uma mesma situação. A camaradagem suscita uma atitude de solidariedade.

A *solidariedade,* por sua vez, é a comunhão de interesses e responsabilidades, ou a adesão circunstancial a uma causa ou empreendimento de outros. "Exprime a tendência do homem a associar esforços para atingir determinados fins, que se definem em cada conjuntura por um marco irrepetível de fatores ou elementos diferenciadores"[43].

Os homens tornam-se solidários não apenas em virtude de semelhanças e afinidades, mas também em função de disparidades e diferenças. É o que acontece quando a união entre pessoas muito diferentes serve para obter um benefício mútuo.

Voltemos à camaradagem. O que a distingue da amizade?

---

(42) *Ibidem,* p. 298.

(43) *Gran Enciclopedia Rialp,* verbete *Solidariedad,* vol. 21, p. 597.

II. O QUE É PECULIAR À AMIZADE?

A diferença fundamental é que os camaradas estão unidos somente numa tarefa. A razão de ser da camaradagem é *aquilo que se faz* entre todos e não *quem o faz*. Esta última característica é, como vimos, mais própria da amizade.

Na camaradagem, não só não existe um vínculo pessoal, como até se corre o risco de subordinar a pessoa ao trabalho, à tarefa comum. É bem verdade que os amigos também fazem coisas juntos, mas a relação entre eles está centrada na pessoa, não no trabalho comum, que não passa de um meio para estarem juntos e nunca chega a ser um fim em si mesmo.

Podemos concluir, portanto, que a camaradagem é uma relação superficial entre as pessoas de um grupo, que pode ser muito amplo; pertence ao plano tangencial daquilo que "acontece", e não ao plano daquilo que tem a ver com o "comportamento pessoal". A amizade, pelo contrário, tem um caráter muito mais interpessoal: é uma relação mais profunda e comprometida. Por isso, limita-se a poucas pessoas.

A relação entre os camaradas é acidental. Se muda a tarefa comum, mudam também os camaradas. A camaradagem tende, pois, a desaparecer, ao passo que a amizade está chamada a ser permanente. Os amigos são amigos para sempre.

Outra diferença, por fim, reside em que os camaradas tendem a equalizar-se. A vida num grupo é igualitária e unificadora, e uma relação pessoal no seio desse grupo pode facilmente ser vista como contrária à solidariedade com todos os membros da "coletividade". A amizade, pelo contrário, nunca é homogênea nem homogeneizante; não procura que os amigos sejam todos iguais entre si, mas, pelo contrário, respeita e valoriza as diferenças. Por isso, os amigos tendem a isolar-se dentro do grupo e mesmo a desligar-se dele.

A camaradagem, portanto, é uma forma de convivência muito mais simples que a amizade. Pode-se dizer que não passa de uma pré-condição da amizade, na medida em que a convivência no seio de um grupo facilita muitas vezes a posterior relação de amizade.

Diante disto, convém agora perguntarmo-nos: Como surge a relação de amizade entre os companheiros e camaradas de um grupo? Quais as condições para que a mera camaradagem se transforme em amizade?

Laín Entralgo aponta três condições[44]. A primeira é "uma disposição despida de fanatismo na prossecução do bem objetivo para que tende o esforço comum e solidário dos camaradas". O fanático sacrifica a *pessoa* do camarada à *causa*. Por isso, pode ser um bom camarada, mas nunca será um verdadeiro amigo.

A segunda é a "abertura da alma à realidade presente, enquanto presente". O camarada tende a defender um bem que já foi ou que será atingido, e isso o impede de viver em plenitude o bem presente. Ora, fechar-se à realidade presente é um obstáculo para descobrir e apreciar as qualidades individuais das pessoas que se vão conhecendo dia após dia, e sem essa descoberta é impossível que nasça a amizade.

A terceira condição é "estimar realmente a liberdade e a responsabilidade do camarada, e, portanto, a sua autonomia pessoal, tanto no exercício da ação cooperativa como fora dela; em suma, a autêntica realidade da sua pessoa".

---

(44) Laín Entralgo, *Sobre la amistad,* pp. 302-303.

II. O QUE É PECULIAR À AMIZADE? 71

Se não dou valor à liberdade do outro, não o trato como pessoa. Também não posso ser benevolente, uma vez que nem lhe quero bem por ser quem é nem lhe concedo a oportunidade de desejar e fazer-me o bem. Pelo contrário, se estimo a liberdade do camarada, sou benevolente com ele, e vice-versa. Basta agora que à benevolência mútua se acrescente a comunicação de alguma vivência íntima, e terá nascido a amizade.

Podemos, pois, afirmar que o "segredo" para que os membros de um grupo cheguem a ser amigos é que se vejam como pessoas e se relacionem como pessoas, não simplesmente como átomos, elementos ou "companheiros" de uma entidade coletiva. Para Julián Marías, "a condição necessária é a *pessoalidade* dos amigos e da relação com eles; e se a relação for apenas formal, utilitária, inerte, faltará a *ilusión,* o «encanto» que existe na relação amistosa. É o que acontece nas relações rotineiras de trabalho, na mera camaradagem, a menos que a repetição cotidiana vá pouco a pouco personalizando silenciosamente a relação"[45].

---

(45) Julián Marias, *Breve tratado de la ilusión,* p. 93.

III. A influência do ambiente familiar no desenvolvimento de atitudes sociais e amistosas

1. Participação e amizade na família

Um objetivo muito importante dentro do âmbito da educação familiar é o cultivo da amizade. Trata-se de levar os filhos a *saber* o que vem a ser a amizade e a *distinguir* os amigos autênticos dos falsos. Mas, além de ideias claras e de critérios corretos sobre este tema, os filhos devem ser também capazes de *fazer amizade* e de *ser bons amigos*.

O cultivo da amizade está intimamente relacionado com dois objetivos ainda mais amplos: aprender a querer bem às outras pessoas e aprender a conviver. São duas capacidades que se desenvolvem de modo natural na família, na medida em que esta última é lugar de amor e escola das virtudes da convivência.

A influência do ambiente familiar costuma ser decisiva para o desenvolvimento, primeiro do comportamento social e depois dos hábitos de amizade. É verdade que o ambiente extrafamiliar — os colegas de estudo, da rua etc. — pesa cada vez mais, mas os pais e os irmãos continuam a ser os principais agentes de socialização da criança, principalmente nos primeiros anos de idade.

Deve-se frisar, por isso, o impacto que as primeiras experiências sociais vividas no lar têm para os filhos. Se essas experiências forem gratas, eles tenderão a repeti-las, desenvolvendo assim atitudes de abertura para com os outros e hábitos de convivência. Se, pelo contrário, forem desagradáveis, procurarão evitá-las.

As experiências sociais positivas ajudam fortemente os filhos a serem ativos, extrovertidos, independentes e curiosos; as experiências sociais negativas levam-nos a ser passivos, dependentes, introvertidos e reservados. As crianças do primeiro caso estarão em condições de influenciar os outros — terão liderança — e de ser criativas; as do segundo serão, provavelmente, mais influenciáveis e conformistas.

De que depende que as experiências sociais vividas no lar fomentem ou não a atitude dos filhos para a convivência?

Um dos fatores é *o caráter global do lar*. Quando o ambiente da casa se caracteriza pela tensão e pelo atrito habituais, é muito provável que isso gere atitudes sociais negativas nos filhos. Pelo contrário, quando se respira um clima de compreensão entre os membros da família, os filhos desenvolverão atitudes positivas.

Outro fator é o das *condutas* que os filhos observam em casa. Os pais e os irmãos mais velhos são modelos de conduta que os filhos pequenos observam e imitam continuamente. É bom, por exemplo, que possam observar comportamen-

III. A INFLUÊNCIA DO AMBIENTE FAMILIAR

tos que denotam preocupação pelos outros, compreensão, ajuda, flexibilidade... Os filhos percebem igualmente se o pai e a mãe se relacionam entre si com a benevolência e o altruísmo próprios do amor e da amizade, se têm ou não amigos, se sabem encontrar tempo para a amizade, se são generosos, sinceros, respeitosos e leais com os seus amigos.

Um terceiro fator é *o valor que os pais dão ao fato de os filhos serem sociáveis e terem amigos.* Muitos pais encaram o tema da amizade como algo secundário. Ignoram assim que, como disse Aristóteles, os amigos são o que há de mais importante na vida. Ignoram que as relações de amizade ajudam as pessoas a conhecer-se, corrigir-se e superar-se em todos os aspectos.

Se os pais, por exemplo, não permitem que os filhos levem amigos e companheiros de diversão para casa, estarão aplicando uma nota negativa à conduta social dos filhos. Para que as crianças pequenas se desenvolvam como pessoas sociáveis, é preciso animá-las a sê-lo e premiar os esforços que façam. Mas, apesar de ser algo bom, só isso não basta: é preciso ensiná-las também a comportar-se de um modo socialmente aceitável. Uma forma de estimular os filhos à abertura para os outros é convencê-los com fatos de que vale a pena. É bom que vejam, por exemplo, que os irmãos e companheiros de estudo se comportam melhor com eles quando são tratados com generosidade e pior quando são tratados de maneira agressiva.

Um quarto fator para ajudar os filhos a desenvolver atitudes de convivência e amizade é *a participação na vida da família.* Existem lares participativos e lares não-participativos. Nos primeiros, há muita comunicação pessoal entre pais e filhos e entre irmãos. Os pais explicam o motivo por que existem certas regras na família, os filhos são consultados antes de que se adotem algumas decisões que os afetam diretamente, pais e filhos colaboram nas tarefas domésticas... Nesses lares, existe um clima de confiança e diálogo espontâneo e sincero, como é próprio da vida em família. As decisões dos pais não são caprichosas ou arbitrárias.

No lar participativo, os filhos são premiados pelo espírito de iniciativa, expressão espontânea, participação nas conversas e nas decisões familiares. Como consequência, são criativos, originais, desenvoltos e abertos. No lar não-participativo ou excessivamente controlado, os métodos de educação são autoritários. Existem restrições taxativas da conduta sem nenhuma explicação e sem referência a critérios objetivos e estáveis. Os filhos não têm oportunidade de exprimir a sua opinião ou o seu ponto de vista. É próprio do lar não-participativo castigar os filhos que manifestam curiosidade e espontaneidade ou que tentam fazer valer as suas opiniões. E, por outro lado, premia-se a conduta submissa, dependente e impessoal.

Os pais que estão seriamente preocupados em desenvolver nos filhos hábitos de convivência e atitudes de amizade devem perguntar-se até que ponto o ambiente familiar caminha nessa direção. Proponho seis questões para este autoexame:

1. Há distância ou há relações amistosas entre os membros da família?

2. Controle autoritário ou clima de participação?

3. Individualismo ou cooperação no trabalho e no lazer?

III. A INFLUÊNCIA DO AMBIENTE FAMILIAR   77

4. Punição ou gratificação das condutas sociais dos filhos?

5. Casa fechada ou casa aberta aos amigos dos filhos?

6. Pais sem amigos ou pais com amigos?

2. Importância da atitude dos pais

A partir das experiências que tiveram em casa depende, em boa parte, que os filhos cheguem a ser pessoas sociáveis e capacitadas para a autêntica vida de amizade. Mas a família influi sobretudo através das *atitudes* dos pais.

Vejamos, em primeiro lugar, algumas atitudes paternas que não favorecem as atitudes sociais e amistosas dos filhos:

1. *Pais que não sabem nada dos filhos e mal lhes dedicam tempo.* O pouco tempo de convivência com os filhos deve-se, às vezes, a ausências prolongadas e frequentes do lar, de um dos pais ou de ambos. Em consequência disso os filhos não veem a casa como um lar, mas como uma simples residência, um hotel.

2. *Pais dominadores, possessivos, autoritários, excessivamente severos e exigentes.* Essas atitudes contribuem em alguns casos, para tornar os filhos irascíveis, impulsivos e agressivos, e em outros para desenvolver neles uma personalidade insegura e instável. Todas essas características lhes trazem sérias dificuldades para a adaptação aos grupos de brincadeiras e de estudo e à vida de amizade.

3. *Pais superprotetores,* que oferecem aos filhos mais ajuda do que eles precisam e tendem a resolver todos os

problemas por eles. Esse protecionismo pode obedecer a um apego afetivo aos filhos, a um amor mal-entendido, ou à fraca opinião acerca de algum filho, que os pais consideram incapaz de enfrentar situações próprias da sua idade.

A criança superprotegida torna-se excessivamente dependente dos outros: precisa da atenção, aprovação e ajuda quase contínuas das outras pessoas. Não desenvolve a capacidade de autossuficiência: não sabe iniciar atividades próprias nem lutar por vencer as dificuldades que se lhe apresentam. Nessas condições, a mentalidade egocêntrica própria da criança prolonga-se vida afora e não lhe permite contribuir com nada de valioso para os outros.

4. *Pais permissivos, excessivamente indulgentes,* que mimam os filhos e os deixam agir em função dos caprichos de cada momento. Esta atitude leva os filhos a tornar-se egoístas e fracos, a esperar dos outros uma atenção contínua e a não saber aceitar a frustração de um desejo, levando-os a reagir de forma impaciente e agressiva. Uma vez que toda a convivência exige dar e não apenas receber, essas crianças dificilmente se adaptam à vida em sociedade.

5. *Pais frios ou indiferentes* para com os filhos, que não lhes dão mostras de carinho e afeto. Nas relações com os companheiros e amigos, os filhos costumam agir com a mesma indiferença e frieza com que foram tratados em casa. Costumam ser crianças tristes, pouco cordiais, que fogem das situações de convivência. E quando tentam relacionar-se com os outros, encontram dificuldades, pois lhes falta um elemento central da amizade: o afeto.

O problema é maior quando a indiferença dos pais se converte em rejeição, que nem sempre é aberta: às vezes, expressa-se em atitudes de insensibilidade ou prepotência.

III. A INFLUÊNCIA DO AMBIENTE FAMILIAR 79

Essa rejeição diminui a autoestima dos filhos, a segurança em si mesmos, e mais adiante pode dar lugar a condutas antissociais que resultam da necessidade de "descarregar" a agressividade acumulada ou de chamar a atenção dos outros.

Quais as atitudes paternas que, pelo contrário, favorecem a capacidade dos filhos para a convivência?

Uma primeira resposta é a seguinte: *todas as que ajudem a serem harmônicas e satisfatórias as relações entre os esposos, entre pais e filhos e entre irmãos.* Está mais do que comprovado que, se as relações familiares são adequadas, os filhos conseguem adaptar-se muito mais facilmente à convivência social fora de casa.

Uma dessas atitudes é o *amor aos filhos.* E não basta o amor teórico ou abstrato; os filhos precisam de expressões concretas desse amor dos pais todos os dias, de afeto e carinho no relacionamento pessoal. Os pais afetuosos e ternos ajudam os filhos a ter confiança em si mesmos e a relacionar-se com os outros de forma aberta e espontânea.

Mas o carinho com os filhos não deve significar falta de exigência. Precisamente por serem queridos é que devem ser exigidos de maneira progressiva. Com efeito, as crianças que não se sentem exigidas pelos pais consideram-se menos queridas, já que recebem menos atenção. O carinho aos filhos deve levar, isso sim, a uma *exigência compreensiva,* isto é, proporcionada ao que se pode pedir a cada filho em cada momento. É preciso, portanto, que os pais sejam *ao mesmo tempo* exigentes e compreensivos, o que, evidentemente, não é nada fácil. Na prática, diante dessa dificuldade, os pais costumam polarizar-se numa

80 GERARDO CASTILLO

dessas atitudes, de forma que a compreensão sem exigência cria pais permissivos, e a exigência sem compreensão cria pais autoritários.

Diversas pesquisas confirmam as afirmações que acabamos de fazer[1]. Assim, por exemplo, Lieberman verificou que as crianças pequenas que se sentiam queridas pela mãe eram mais aceitas pelos companheiros e participavam mais das atividades comuns no colégio. Winder e Rau descobriram que os pais das crianças mais "sociáveis" tinham duas qualidades: eram muito pouco agressivos e proporcionavam-lhes apoio e reforço na sua conduta ("reforço" no sentido de que valorizavam e premiavam os comportamentos positivos dos filhos).

Se houver amor, haverá também *aceitação de cada filho*. A aceitação começa pelo desejo de que o filho chegue a existir; casais que têm um filho por falha dos métodos contraceptivos dificilmente conseguirão criar esse clima em que todo o filho que vem ao mundo se sente desejado acima de tudo pelos seus pais. A aceitação implica também esbanjar — com gosto, não como algo que atrapalha — os cuidados de que cada filho necessita. Os pais devem estabelecer uma relação ardentemente afetuosa com cada um dos filhos e fazê-los ver que todos eles são "importantes" na vida da família. Comprovou-se que a criança aceita pelos pais "é geralmente cooperativa, sociável, amigável, leal, emocionalmente estável e simpática"; e que "encara a vida com confiança"[2].

---

(1) Cf. J. Palacios, *Psicología evolutiva*, Alianza Editorial, Madri, 1984, pp. 407 e 408.

(2) E. Hurlock, *Desarollo psicológico del niño*, McGraw-Hill, México, 1967, p. 706.

III. A INFLUÊNCIA DO AMBIENTE FAMILIAR   81

Há diferentes tipos de aceitação dos filhos por parte dos pais em função do amadurecimento emocional destes. Pais emocionalmente maduros aceitam o filho como um ser autônomo e capaz de participar ativamente da vida familiar, ao passo que pais emocionalmente imaturos tendem a identificar-se totalmente com o filho, dificultando seriamente a conduta independente tanto deste como deles mesmos. É importante que os pais concedam a cada filho uma liberdade razoável, proporcionada à sua idade. Quando se estimula a conduta autônoma dos filhos, estes acabam por tornar-se "mais habilidosos, cooperativos, independentes e adaptados às situações sociais"[3].

Frisarei, por fim, que é importante *fomentar* desde a infância *a vinda de outras crianças ao lar,* sejam irmãos naturais ou adotivos. Verificou-se que isso contribui para que os filhos amadureçam antes e sejam mais abertos aos outros[4].

3. A família como centro de intimidade e de abertura

Nos dois subtítulos anteriores, vimos algumas características que o ambiente familiar deve ter para facilitar o desenvolvimento de atitudes sociais e amistosas nos filhos. Essas características reduzem-se, em síntese, a duas:

---

(3) *Ibidem,* p. 705.

(4) J. Palacios, *Psicología evolutiva,* p. 407.

1. *desenvolver a intimidade de cada filho;*

2. *desenvolver a sua capacidade de abertura,* a fim de torná-lo cada vez mais capaz de comunicar a sua intimidade e de compreender ou compartilhar a alheia.

A família é — ou deve ser — *ao mesmo tempo* centro de intimidade e de abertura. Estas duas finalidades não só não se opõem entre si, como se reforçam e complementam: quanto mais intimidade houver, isto é, quanto mais riqueza ou vida interior, maior possibilidade e necessidade haverá de abrir-se às outras pessoas; e quanto mais capacidade de abertura houver, mais se favorecerá e estimulará o desenvolvimento de uma vida própria. Intimidade e capacidade de abertura são dois traços inseparáveis da pessoa e da família.

Consideremos primeiro a família como centro de intimidade. Quais são as necessidades que tem cada filho neste aspecto? Como podem satisfazer-se no âmbito da família?

Cada filho, por ser pessoa, precisa ser tratado não simplesmente pelo que tem de comum com as outras pessoas, mas também — e principalmente — pelo que lhe é próprio ou diferente. Os aspectos próprios e irrepetíveis são os que estão situados nesse espaço interior em que a pessoa se encontra consigo mesma, com a sua realidade pessoal. É o local da intimidade. Tudo isto pressupõe que cada filho seja tratado de acordo com o seu jeito de ser, isto é, de acordo com a sua forma de pensar, de querer, de sentir... Não se deve falar da mesma maneira a todos os filhos.

Um filho — cada filho — precisa de uma vida interior, de uma intimidade que não se paralise nem se perca.

III. A INFLUÊNCIA DO AMBIENTE FAMILIAR 83

Para consegui-lo, precisa de momentos de solidão, de reflexão sobre o sentido da vida; precisa saber guardar o que não deve ser compartilhado com todos ou não deve ser expresso a todo o momento. Deve também poder conhecer cada vez melhor o seu mundo íntimo e ser cada vez mais capaz de revelar essa dimensão a outras pessoas, embora não a todas.

Essas necessidades exigem que haja um clima efetivo de intimidade em cada família. A família é o lugar da intimidade, mas nem todas as famílias sabem aproveitar concretamente essa possibilidade. Quais são, então, as características desse clima de intimidade?

Uma delas é a *confiança mútua*. Quando existe confiança, pais e filhos sentem-se seguros, não correm riscos por mostrar-se como são; atrevem-se a ser eles mesmos porque se sabem aceitos e queridos pelos outros. Cada um confia nos outros, deposita nos outros a sua esperança, está disposto a compartilhar com eles algum aspecto reservado da sua vida.

Outra característica é dispor de momentos de *silêncio* e *solidão*. Se no âmbito familiar há uma barulheira contínua provocada pela televisão, rádio ou telefone, ou pela constante reunião de pessoas, falta a oportunidade para que cada filho esteja consigo mesmo e possa possuir-se a si mesmo. Nestas condições, é muito difícil cultivar a própria intimidade. Em todas as casas devem ser criados espaços e momentos para que cada pessoa possa recolher-se e dialogar consigo mesma sem a interferência de outros... ou de aparelhos.

Uma terceira característica do clima de intimidade familiar é a possibilidade de cada pessoa ter *as suas coisas:*

os seus livros, instrumentos de trabalho, cartas, recordações (fotografias, cartões, diplomas etc.). Não estou falando de satisfazer o afã de posse, nem de fazer dos filhos uns individualistas, mas de facilitar a expressão e o cultivo da intimidade por meio desses apoios. Existem coisas que são de uso comum na família e coisas que são de uso pessoal. Estas últimas serão compartilhadas só por algumas pessoas e apenas em alguns momentos[5].

Uma quarta característica: proteger a intimidade por meio de uma linguagem, uma maneira de vestir, um modo de vida e uns costumes adequados. Isto significa que na família deve-se cuidar da *virtude do pudor*. O pudor é a proteção da própria intimidade, resguardando-a de quem não tem por que conhecê-la. Podemos falar de um *pudor do corpo:* não se compartilha o corpo com todo o mundo, mas com uma pessoa ou com ninguém, conforme o estado de vida de cada um. E podemos também falar de um *pudor da alma;* não se devem comentar as questões íntimas, pessoais, com qualquer um.

Faz parte do clima de intimidade familiar a possibilidade de duas pessoas — marido e mulher, pai e filho, dois irmãos — estarem a sós. Essa relação personalizada, de

---

(5) A necessidade de cada pessoa da família ter as suas próprias coisas não deve ser extrapolada, como bem diz o autor. A atual tendência a que cada filho tenha no seu quarto televisão, aparelhagem de som e computador, bem como um celular, conta bancária e carro próprios, só convida ao individualismo e consumismo, e assim é francamente nociva à sua personalidade. Todos esses itens devem ser usados em família, por mais que isso traga incômodos também ao pai e à mãe, porque assim se criam ocasiões de diálogo em que todos aprendem a conviver melhor: é preciso negociar os programas a que se assistirão, o volume do som, os horários de uso do carro, o acesso ao dinheiro etc. Nunca se repetirá o bastante que essas pequenas dificuldades são profundamente formativas para todos. (N. E.)

III. A INFLUÊNCIA DO AMBIENTE FAMILIAR

tempos a tempos, é necessária para que cada membro da família possa tornar-se mais consciente da sua própria intimidade e defender a alheia. Cria-se assim uma boa base para a amizade entre as pessoas que compõem a família.

Além de centro de intimidade, a família é centro de abertura, porque é o âmbito em que ocorre a convivência mais intensa, a relação mais pessoal. Em nenhum outro lugar podem desenvolver-se melhor as virtudes da convivência como a sinceridade, o respeito, a lealdade, o espírito de serviço etc. E os pais podem e devem potencializar a família como centro de abertura precisamente pelo cultivo da amizade.

Para isso, convém que a disposição da casa e os costumes familiares favoreçam a possibilidade de pais e filhos trazerem os seus amigos. E será necessário também que, entre os objetivos educativos da família, estejam alguns relacionados com o desenvolvimento da amizade: por exemplo, que os filhos aprendam a preocupar-se com os outros, que saibam ser compreensivos com o modo de ser alheio, que saibam renunciar a alguns gostos em benefício das outras pessoas, que aprendam a descobrir as necessidades alheias[6]...

Para ser centro de abertura, a família — cada família — deve influenciar o seu ambiente: a vizinhança, o bairro, o centro educativo, a cidade.... Os pais devem fomentar a participação dos filhos na vida social, e para isso é fundamental que eles mesmos participem, fazendo parte das associações

---

(6) Cf. Oliveros Femandez Otero, *La familia como centro de intimidad y de abertura*, ICE, Universidade de Navarra, Pamplona, 1980.

de vizinhos ou de pais e mestres, escrevendo mensagens aos jornais, colaborando nas atividades da paróquia etc. É por meio da participação na vida social que a família ajudará a difundir o respeito pela pessoa nas relações sociais e profissionais, e poderá contribuir para a construção de uma sociedade mais humana.

4. O exemplo dos pais: a sua vida de amizade

Se os pais valorizam a amizade e a consideram um objetivo educativo, não podem descurar o modo como eles mesmos vivem essa virtude. Uma autoexigência insuficiente nesta matéria poderia deixá-los sem argumentos à hora de mostrar aos filhos que devem ter amigos ou ser bons amigos. Dificilmente os filhos terão gosto em cultivar a autêntica amizade se não puderem observar esse gosto na conduta dos pais. E esse exemplo de amizade deve ser dado principalmente dentro da família, na relação de amizade que deve unir os esposos entre si e os pais com os filhos.

Os pais costumam mostrar-se muito mais preocupados com os amigos dos filhos do que com os próprios. No entanto, deveria ocorrer o contrário, uma vez que os filhos são *herdeiros;* isto é, vale a pena os pais considerarem que tipo de heranças espirituais estão legando aos filhos com o exemplo que dão quanto à forma de eles mesmos viverem a amizade.

Os mais novos nem sempre sabem como se desenvolveu cada uma das relações de amizade dos seus pais. No entanto, é possível e desejável que o saibam: "A história de

III. A INFLUÊNCIA DO AMBIENTE FAMILIAR 87

cada amizade dos pais é algo que os filhos podem acompanhar de perto e, se é uma história exemplar — como deve ser —, vai servir-lhes para descobrir novas qualidades nos seus pais e nos amigos destes, para aprender com eles a ser e a ter amigos, e para desenvolver a capacidade de dar e a capacidade de receber, crescendo em amizade"[7].

O bom exemplo dos pais nesta questão começa por evitar que as suas relações de amizade se limitem ou se reduzam a contatos superficiais, em que procurem simplesmente obter alguma vantagem ou benefício material dos seus "amigos", divertir-se com eles ou evadir-se dos problemas habituais.

Se isso acontecesse, ao menos em certo grau, os filhos perderiam todo o gosto pela amizade; deixariam de relacioná-la com ideais nobres e comportamentos altruístas para encará-la como um simples instrumento para conseguir o que se deseja ou o que apetece em cada momento. Isso afeta negativamente também o prestígio dos pais perante os filhos, pois estes passam a vê-los como pessoas medíocres, incapazes de orientar a vida em função de valores elevados.

A autoexigência dos pais neste tema pode concretizar-se em diversos sentidos. É preciso, em primeiro lugar, que tenham verdadeiros amigos, sem que procedam unicamente das suas relações profissionais. Depois, devem saber distinguir entre os "amigos" com quem simplesmente passam uns bons momentos daqueles aos quais estão unidos por vínculos mais profundos, por um compromisso pessoal.

---

(7) Oliveros Fernandez Otero, *El cultivo de la amistad*, ICE, Universidade de Navarra, Pamplona, p. 9.

GERARDO CASTILLO

Esta distinção é muito importante para a educação da amizade: "Os filhos devem poder ver nos seus pais pessoas dispostas a comportar-se magnanimamente com os seus amigos, a ajudá-los, a dar-se, mesmo que lhes custe, porque assim a amizade se torna valiosa. Os pais que centralizam a sua «amizade» em atividades sociais e superficiais levam os seus filhos a pensar que os amigos não passam de instrumentos para construir uma vida pessoal agradável"[8].

Os pais darão, pois, exemplo de uma vida de amizade pela forma como se relacionam com os seus amigos. Devem demonstrar *respeito* pelos seus amigos, virtude que exige que falem bem deles e os defendam sempre que preciso, ou ao menos se calem quando não tiverem motivo para falar bem. Devem evitar a todo o custo a crítica e a murmuração — afinal, aquilo de que uma pessoa tem mais necessidade de um amigo não são os seus critérios, mas sobretudo a sua compreensão e ajuda. Devem evitar igualmente a hipocrisia e a adulação. Se tivessem esses defeitos, falhariam em duas virtudes fundamentais na relação de amizade: a *sinceridade* e a *lealdade*.

Educar os filhos para a amizade exige, portanto, que os pais lhes deem exemplos vivos de luta pessoal por crescer nas diferentes virtudes da convivência. Isto não se consegue sem virtudes humanas e cristãs: "A amizade tem de ser leal e sincera, exige renúncia, retidão, troca de favores, de serviços nobres e lícitos. O amigo é forte e sincero na medida em que, de acordo com a prudência sobrenatural, pensa generosamente nos outros, com sacrifício pessoal.

---

(8) David Isaacs, *Los amigos de los hijos,* ICE, Universidade de Navarra, Pamplona, p. 8.

III. A INFLUÊNCIA DO AMBIENTE FAMILIAR 89

Do amigo, espera-se a correspondência ao clima de confiança que se estabelece com a verdadeira amizade; espera-se o reconhecimento do que somos e, quando for preciso, também a defesa clara e sem paliativos"[9].

Por fim, os filhos devem poder ver também que os pais sabem encontrar tempo para dedicar-se aos seus amigos e que o número destes aumenta à medida que passam os anos. Devem notar como as relações de amizade dos seus pais levam uns e outros a melhorarem.

* * *

Um pequeno resumo dos elementos relativos ao *ambiente do lar* e ao *exemplo dos pais* que favorecem a educação para a amizade nos ajudará a tê-los presentes. Trata-se, sobretudo, de defender e estimular a intimidade que os filhos terão de saber fomentar e compartilhar mais adiante, na relação de amizade íntima:

1. Criar um *ambiente participativo:* ter tempo para conversar com os filhos, atribuir-lhes tarefas, levá-los a sentir-se responsáveis pela família como um todo, ouvir a sua opinião e tê-la em conta etc.

2. Criar um ambiente de *confiança mútua:* contar aos filhos episódios da história da família, dos avós, dos tempos de namoro e noivado; estimulá-los a que contem o que é seu, preocupações, alegrias, penas, erros, sem medo de receber um castigo; confiar na sua palavra.

---

(9) Josemaria Escrivá, *Carta,* 11 de março de 1940.

3. Conseguir que todos possam dispor de alguns momentos de *silêncio* e *solidão*.

4. Cuidar do *pudor* na linguagem, na roupa e nos costumes familiares, mesmo que não estejam presentes visitas ou estranhos.

5. Respeitar os gostos, questões e *segredos* de cada filho.

6. Procurar que a casa esteja aberta desde cedo aos *amigos dos filhos*. Isto significa que os filhos devem poder convidá-los a qualquer momento e que os pais facilitam as situações concretas de convivência (lanches, festas etc.).

7. Os próprios pais devem cultivar uma vida de amizade autêntica e contar aos filhos como começaram essas amizades, que bem lhes vêm trazendo etc.

SEGUNDA PARTE

A amizade e as idades dos filhos

IV. A "amizade" no despertar da vida social: as primeiras brincadeiras no lar

1. O processo de socialização e as etapas da amizade

É patente que o homem é social por natureza: precisa relacionar-se com os outros homens não somente para resolver problemas materiais, mas também — e principalmente — para viver e crescer como pessoa. No entanto, nasce com algumas tendências opostas à vida social. As suas primeiras manifestações espontâneas não são de respeito e colaboração em face dos outros, mas de egoísmo, agressividade e menosprezo pelos direitos alheios.

O homem não chega a comportar-se como um ser social se deixa-se levar apenas pelo instinto e pela conduta espontânea. Necessita, pelo contrário, de uma educação: "É preciso que, pelos meios mais rápidos, a educação sobreponha, ao ser egoísta e antissocial que acaba de nascer, um outro ser capaz de levar uma vida moral e social"[1].

A educação cria no homem um "novo ser", uma segunda natureza que consiste em boa parte num conjunto de hábitos sociais. Entre estes hábitos, têm especial importância o autocontrole dos impulsos vitais como o egoísmo, a agressividade etc., e a aquisição da maturidade emocional, como a capacidade de compreender os outros, de cooperar com eles etc. É uma transformação que não se dá de uma hora para outra, mas ao longo de muitos anos e por etapas. Implica um longo processo de amadurecimento que se costuma denominar *socialização*.

A *primeira socialização* da pessoa verifica-se no lar, durante a primeira e a segunda infância (do nascimento aos seis anos, aproximadamente). A convivência com os pais e irmãos e as brincadeiras são fatores muito importantes nesta fase.

A *segunda socialização* faz-se na escola. A criança passa de um lugar protegido para outro desprotegido. Encontra-se, de repente, numa situação bastante regulamentada e dentro de um grupo muito amplo de crianças desconhecidas. A relação de companheirismo ou camaradagem será o novo apoio para que desenvolva a conduta social. Esta etapa vai dos seis aos dez anos, aproximadamente, e coincide com a terceira infância.

---

(1) Émile Durkheim, *Educación y sociología*, Península, Barcelona, 1975, p. 54.

IV. A "AMIZADE" NO DESPERTAR DA VIDA SOCIAL   93

A *terceira socialização* realiza-se fundamentalmente através dos amigos. Começa no fim da infância (dez ou onze anos, aproximadamente) e prolonga-se ao longo da adolescência e da idade juvenil. O processo culmina com a entrada na vida profissional e com a formação de uma família própria.

Apesar de a amizade propriamente dita não surgir antes da adolescência, que é a "idade da amizade", as "atitudes amistosas" não podem ser improvisadas: têm de desenvolver-se lentamente ao longo das diversas etapas da infância. Podemos falar, por conseguinte, de uma preparação para a futura vida de amizade, que coincide com as primeiras fases do processo de socialização.

2. A passagem das brincadeiras individuais para as brincadeiras em comum

Durante os três primeiros anos, a criança vive totalmente centrada no ambiente familiar. No começo, para ela praticamente só existe a mãe, de quem depende em todas as suas necessidades; pouco a pouco, num segundo plano, vai descobrindo a figura do pai.

Nesta etapa, a criança prefere a companhia de adultos e meninos crescidos à de outras crianças da sua idade. Percebemos claramente o pouco interesse que tem por estas ao vermos que as trata como simples objetos, empurrando-as, tirando-lhes das mãos os brinquedos etc. Para ela, as outras crianças não são pessoas, mas "materiais para brincar".

A criança desta idade passa a maior parte do tempo brincando sozinha, normalmente mexendo com algum objeto que desperta a sua curiosidade. A brincadeira é, agora, um simples exercício para desenvolver algumas habilidades. Até aos três anos, intervém em "grupos" de brincadeiras de duração efêmera, por uns poucos minutos. Na realidade, ainda não existe um grupo. As crianças não brincam *entre si*, mas *umas junto com as outras*. Cada criança brinca separadamente, com um individualismo agressivo.

A partir dos três anos, produz-se uma mudança de atitude. A criança já começa a levar em conta as outras crianças, que deixam de ser uma "coisa" para converter-se em companheiros de brinquedos. Esta etapa estende-se até os seis anos e costuma denominar-se "a idade da brincadeira séria", porque, para a criança, brincar é o seu trabalho, e os brinquedos as ferramentas de que dispõe para realizá-lo.

A brincadeira deixa de ser um mero exercício para desenvolver habilidades e passa a ser uma ficção contínua num mundo de fantasia. Por meio da brincadeira as crianças imitam os adultos, desempenhando diferentes papéis, como o de pais ou professores. Satisfazem assim as suas necessidades de criação e expressão pessoal.

Nesta idade, já conversam entre si enquanto brincam. As brigas não as impedem de continuar a brincar juntas, e nas brincadeiras informais entre duas ou três crianças de ambos os sexos surgem os primeiros fragmentos de cooperação. A necessidade do grupo aparece por volta dos quatro anos; depois de tornar-se independente da mãe nas suas necessidades orgânicas, a criança refugia-se pela primeira vez no grupo dos seus iguais.

Este pequeno mas notável progresso na vida social é uma consequência da primeira crise da infância. A teimosia típica deste período é a expressão de uma crise de

IV. A "AMIZADE" NO DESPERTAR DA VIDA SOCIAL   95

identidade que estabelece a primeira diferença entre o "eu" e o "você". A descoberta do outro como uma realidade independente da própria será, nas etapas futuras, uma condição necessária para que surja a atitude de colaboração.

Mas convém situar o avanço desta fase nas suas verdadeiras dimensões. É verdade que a criança se inicia na vida social brincando com as outras, mas ainda não há um verdadeiro diálogo entre elas. A linguagem infantil não é, neste momento, um veículo de comunicação, mas apenas um meio de comentar a ação individual. O pensamento continua a ser egocêntrico, pois cada criança acha que o seu ponto de vista é também o das outras; carece ainda da capacidade de pôr-se no lugar das outras.

Podemos falar, portanto, de "conversas egocêntricas", "monólogos coletivos" ou "monólogos justapostos" nessa idade. As crianças sentem a necessidade de companhia e começam a aproximar-se, mas não são capazes de colaboração, ao menos de uma colaboração continuada. Há uma "brincadeira paralela", na qual cada uma brinca com os próprios brinquedos. Os únicos contatos produzem-se quando uma delas invade o território da outra. Cada uma absorve-se na sua própria brincadeira para alcançar os seus próprios objetivos. Ou seja, o grupo está formado, sim, mas por elementos independentes, tal como os pescadores que se alinham ao longo de um rio: estão muito próximos e conversam entre si de vez em quando, mas cada um deles busca individualmente o seu próprio peixe. As crianças que nesta idade brincam juntas ainda não têm, pois, consciência de grupo nem sentimentos de solidariedade. Não se sentem unidas entre si. São atraídas unicamente pelos interesses passageiros da brincadeira.

Depois dos cinco anos, aparecerá o desejo de reunir-se. Inicia-se a fase dos jogos organizados ou das equipes de jogo, que abrirá possibilidades muito importantes para o desenvolvimento social. As equipes de jogo só aparecem nesse momento porque até então qualquer tipo de regra ainda não tinha sentido para a criança: não percebia a sua necessidade. A criança de menos de seis anos vê na brincadeira somente uma satisfação individual.

3. Possibilidades e problemas desta etapa para o desenvolvimento da conduta social

Cada etapa do desenvolvimento apresenta possibilidades positivas que valem a pena conhecer para aproveitá-las no seu devido tempo, pois, caso contrário, o amadurecimento pessoal é mais lento. Igualmente, em cada etapa surgem problemas que é preciso enfrentar para evitar que se enraízem mais e influenciem de forma decisiva a personalidade. Isto não significa que se deva contrariar a natureza da criança, mas exatamente o contrário: trata-se de "dar vazão" às suas condições naturais. Para isso, é preciso criar um ambiente no qual ela possa atualizar e expressar as capacidades que possui em cada momento.

No que diz respeito ao período compreendido entre o nascimento e os três anos, uma das possibilidades positivas para o desenvolvimento social é a íntima união entre a criança e a sua mãe. A mãe é o primeiro apoio e estímulo de que a criança dispõe para abrir-se aos outros. E isso encerra ao mesmo tempo um risco: o excessivo apegamento afetivo entre a mãe e o filho. Quando existe uma

IV. A "AMIZADE" NO DESPERTAR DA VIDA SOCIAL 97

dependência total e exclusiva do filho para com a mãe, a passagem da brincadeira individual para a brincadeira em *comum* — que, como acabamos de ver, começa depois dos três anos — é muito mais difícil.

A tendência a brincar sozinha pode trazer também dificuldades para a futura vida em grupo. Se a criança está sempre só ou com os pais, sem contato com outras crianças da sua idade — o que acontece quando não tem irmãos e nem vai para o "jardim de infância" —, pode acostumar-se a esse isolamento. Nessas condições, terá mais dificuldade para conviver com outras crianças, pois lhe custará muito ceder nos seus gostos e caprichos e compartilhar as suas coisas.

Neste período, a criança adquire um instrumento fundamental para a futura convivência: a linguagem.

A "conquista da linguagem" começa no segundo ano. Se durante o primeiro ano a linguagem estava reduzida a gritos e a onomatopeias— o cachorro é o "au-au", o passarinho é o "piu-piu" —, agora a criança aprende a falar imitando os adultos. Os pais devem, por conseguinte, criar condições adequadas no ambiente familiar para que a criança aprenda a falar sem atrasos.

Outra possibilidade positiva para o desenvolvimento social da criança surge no final da etapa que estamos comentando, na assim chamada "primeira crise da infância", durante a qual a criança passa a "ser do contra" com obstinação e teimosia e manifesta-se pelas conhecidas "birras infantis".

Que relação há entre a primeira idade da obstinação e o desenvolvimento social? Uma resposta poderia ser: "A crise dos três anos é a primeira manifestação dos traços distintivos da personalidade e do caráter; sob o ângulo subjetivo da criança, representa a descoberta da sua própria individualidade e da alheia, uma vez que, como sempre, os dois processos são complementares: o sentimento agudo do seu «eu» leva a criança a afirmar-se perante o outro, a experimentar o seu poder enfrentando-o, e a resistência do outro reforça essa tomada de consciência"[2]. Esta possibilidade positiva pode ser desaproveitada se os pais interpretam as "birras" simplesmente como "um comportamento de criança mal-educada que é preciso corrigir a todo o custo".

Se analisarmos o período compreendido entre os três e os seis anos, encontraremos igualmente diversas possibilidades e problemas para o desenvolvimento social.

Uma dessas possibilidades são os "novos impulsos". Recordemos que aqui aparecem, em primeiro lugar, os impulsos de sociabilidade — unir-se aos outros, imitá-los etc. —, e que nesta idade a criança já sente necessidade das atividades em comum que darão origem às brincadeiras em grupo. Querem estar juntas mesmo que apenas para brincar lado a lado, porque a "formação do grupo de idade pré-escolar é algo espontâneo, não uma criação artificial. Corresponde a uma necessidade normal de apoio para desprender-se dos laços maternos, e representa uma fase essencial na socialização da agressividade primitiva"[3]. Os pais devem estar atentos a esses desejos e permitir satisfazê-los.

---

(2) B. Reymond-Rivier, *El desarrollo social del niño y del adolescente,* Herder, Barcelona, 1980, p. 79.

(3) R. Fau, *Grupos de ninas y de adolescentes,* Luis Miracle, Barcelona, 1967, p. 23.

IV. A "AMIZADE" NO DESPERTAR DA VIDA SOCIAL   99

As crianças desta fase brigam entre si com muita frequência durante as brincadeiras. Para muitos pais, essas brigas são algo negativo que é preciso impedir. Pensam que é possível e melhor que as crianças brinquem pacificamente. Esquecem, no entanto, que é por meio desses conflitos que a criança aprende a levar em conta a existência das outras crianças; ajudam-na a sair do seu isolamento, a modificar a sua mentalidade egocêntrica: "A criança que, propositadamente ou não, pisoteia o castelo de areia que o seu vizinho está construindo ou se apodera dos seus brinquedos percebe rapidamente que esse vizinho existe e que não é uma simples peça de construção que pode manejar como lhe apeteça. Esses choques entre as atividades das diferentes crianças forçam-nas pouco a pouco a tomar consciência de que os outros têm personalidade, a contar com os interesses, desejos e vontade alheios"[4].

Não se deve esquecer, no entanto, de que algumas crianças tendem a retrair-se por causa das brigas com outras da sua idade. Por exemplo, as crianças que na pré-escola são vítimas cotidianas dos ataques das outras costumam isolar-se delas. O medo impede-as de participar das brincadeiras em comum. Neste caso, sim, é preciso intervir e tomar medidas conciliatórias, ou procurar algum outro grupo em que haja uma inserção mais harmônica.

Junto dos impulsos sociais surgem, nesta etapa, os *impulsos altruístas,* que são uma contraposição ao egocentrismo e à agressividade dos anos anteriores. Naturalmente, trata-se ainda de um altruísmo incipiente, mas muito significativo. Remplein frisa que "o seu surgimento

---

(4) B. Reymond-Rivier, *El desarrollo social del niño y del adolescente,* p. 90.

espontâneo testemunha que o homem, por natureza, não se inclina só ao egoísmo, mas também ao altruísmo"[5]. As crianças já são capazes de mostrar-se atenciosas e de cuidar dos outros; assim, por exemplo, cuidarão voluntariamente de um irmãozinho doente. Os pais devem dar-lhes oportunidades para que possam executar esses atos de serviço.

Por fim, outra possibilidade importante deste momento é que as crianças respondem muito melhor do que antes aos prêmios e castigos e se tomam mais "lógicas".

4. Ajudas educativas da família

Devido à dependência natural da criança menor de três anos com relação à mãe, é preciso que esta a atenda de modo quase contínuo. Mas essa dedicação não deve limitar-se às necessidades básicas como alimentação, sono ou higiene; a mãe precisa conversar, cantar e brincar com a criança. Não é aconselhável deixá-la muito tempo sozinha nem estar com ela de forma passiva. A criança gosta de que conversem com ela e lhe deem atenção. São cuidados que a ajudam muito a sentir-se mais segura.

Isto não significa que deva receber tudo o que quer ou que não convenha deixá-la só de vez em quando. Os pais que aparecem sempre que a criança chora, que a tomam continuamente nos braços etc., não a estão educando bem, uma vez que fomentam os seus caprichos. Por outro

---

(5) M. Remplein, *Tratado de psicología evolutiva*, Labor S.A, Buenos Aires, 1974, p. 295.

IV. A "AMIZADE" NO DESPERTAR DA VIDA SOCIAL   101

lado, é bom fazer com que aprenda a adaptar-se a situações novas para ela, como ficar sozinha num quarto escuro.

Também não é conveniente que a criança menor de três anos se relacione unicamente com a mãe. É bom que outras pessoas da família — o pai, os irmãos, os avós — conversem e brinquem com ela. Também é aconselhável, principalmente por volta dos três anos, que possa brincar perto de outras crianças da sua idade.

O jardim de infância ou pré-escola pode ajudar a aproveitar muitas das possibilidades de amadurecimento social que acabei de comentar. A convivência diária com o grupo de crianças estimula o pensamento e a linguagem, e ajuda a passar da brincadeira individual para a brincadeira em grupo. Permite também alcançar um desapego sem "traumas" da presença materna. As crianças que entram na escola aos seis anos costumam ter mais problemas de adaptação do que as que o fazem antes dessa idade.

A pré-escola será boa se levar em conta algumas condições. Em primeiro lugar, é preciso que exista um *plano educativo* de acordo com as necessidades de desenvolvimento de cada criança. Geralmente, as "creches" não cumprem essa condição, uma vez que procuram apenas vigiar a criança, não educá-la. Uma segunda condição é que o *horário pré-escolar* não seja excessivo, pois a criança se sentiria muito afetada se lhe faltasse o contato com a mãe. A terceira condição é que não deve ingressar ali *antes dos dois anos.*

Dois conselhos finais com relação à educação da criança antes dos quatro anos. Um deles diz respeito à linguagem: já que a criança costuma aprender imitando, é importante que as pessoas com quem convive conversem com ela devagar e com clareza. Devem evitar imitá-la, isto é, usar as palavras onomatopaicas e as meias-palavras que ela usa. Se os pais e os irmãos falarem como ela, a criança aprenderá a falar mais tarde do que o normal.

O segundo conselho refere-se às já citadas "birras infantis". Deve-se evitar tanto cortá-las com violência como "implorar" uma mudança de atitude. A melhor coisa é ignorá-las, ou seja, não lhes dar importância.

Na educação da criança de três a seis anos é importante, em primeiro lugar, saber estimular e canalizar os impulsos altruístas e corrigir os pequenos egoísmos. Cada vez que a criança tiver um comportamento positivo com um irmão ou um companheiro de brincadeiras, é bom elogiá-la, e, sempre que se comporta de maneira hostil, é bom repreendê-la. Deste modo, irá aprendendo a distinguir o certo do errado e desenvolverá atitudes amistosas para com os outros.

Não é aconselhável intervir sempre nos conflitos que surgem entre as crianças desta faixa etária. Assim terão oportunidade de conhecer melhor os outros e de aprender a resolver os seus problemas sem a ajuda dos pais.

Deve-se aproveitar as possibilidades de brincadeira em comum para o desenvolvimento social. Para isso, é bom sugerir ideias às crianças, para que não brinquem sempre com a mesma coisa. Entre as brincadeiras adequadas a este período estão as que permitem construir e destruir o que se construiu, como os quebra-cabeças. As crianças desta idade gostam também de imitar as pessoas reais e os personagens dos contos infantis. Por isso, é interessante proporcionar-lhes fantasias e animá-las a produzi-las com roupas velhas. É interessante também incentivá-las a fazer ou construir objetos com materiais como argila, gesso, água e areia. Por fim, são aconselháveis as brincadeiras que favoreçam o exercício do corpo, como patinar e andar de bicicleta.

É aconselhável que os pais brinquem com os filhos destas faixas de idade, mas não sempre. Devem dar-lhes muitas oportunidades de escolherem por si mesmas as brincadeiras, brinquedos e companheiros de diversão. Deve-se também permitir que aprendam a resolver sozinhas as dificuldades e situações problemáticas que surgem ao longo de uma brincadeira.

A imaginação tão fértil que as crianças costumam ter nesta fase aconselha o frequente recurso ao maravilhoso: contos fantásticos, histórias extraordinárias, fábulas, lendas etc. É aconselhável ler-lhes contos e animá-las depois a dar vida a esses personagens. Essas representações permitir-lhes-ão desempenhar diversos "papéis".

A criança desta etapa tem uma curiosidade muito aguda. É a "idade dos porquês". Os pais devem responder às perguntas dos filhos com paciência e delicadeza. Estarão fomentando, assim, tanto a vontade de saber como a atitude de diálogo com as outras pessoas.

Estas ajudas educativas podem ter lugar tanto em casa como no jardim de infância. Neste, as crianças têm muitas oportunidades de ajudar os outros, brincar com eles, representar contos etc.

* * *

Podemos, pois, fazer o seguinte resumo das *condutas* educativas aconselháveis para a formação da amizade antes de as crianças atingirem os seis anos de idade:

1. Fomentar o *altruísmo* e corrigir os *egoísmos* no relacionamento com os irmãos e colegas de pré-escola, ou seja, louvá-las serenamente, sem exageros, quando emprestam a outras um brinquedo ou se reconciliam depois de uma briga, e repreendê-las com moderação quando estragam alguma coisa que pertence a outra, brigam entre si, ficam amuadas etc.

2. Estimular-lhes a participação em *brincadeiras coletivas* simples. Brincar com elas, mas sobretudo deixar que escolham por conta própria brinquedos, brincadeiras e colegas de diversão.

3. Não intervir em todas as pequenas brigas, mas apenas quando se tornam muito violentas, duradouras e insistentes.

V. A "amizade" na terceira infância, a "idade da camaradagem"

1. A passagem do lar para a escola

Aos seis anos, a criança sai do ambiente protegido de casa para entrar num grupo grande de crianças, o grupo da sua classe, no qual já não disporá de nenhum privilégio. Passa bruscamente de uma situação em que era o centro das atenções dos pais e irmãos mais velhos para outra em que se torna mais uma no "grupo dos iguais". Já não a deixam ganhar nos jogos, nem satisfazem todos os seus gostos, nem lhe desculpam todos os defeitos. Terá de aprender a resolver os seus problemas por si mesma. Deverá competir com os companheiros e ganhar méritos para conseguir o que quer.

Ao mesmo tempo, ingressa repentinamente num ambiente muito mais "sério" e formal que o da família. Agora existem regras de comportamento, horários de aula, notas..., e há também a autoridade do professor. Essa mudança de ambiente cria muitas oportunidades positivas para o desenvolvimento da vida social, pois permite ampliar horizontes, mas exige um período de adaptação especialmente difícil, sobretudo para as crianças que tiveram uma vida muito protegida no lar.

Superado esse período, o mais comum é que a criança seja feliz no colégio, uma vez que a terceira infância, dos seis aos onze anos, é a "idade escolar". Nesta fase, a criança tem uma curiosidade muito ampla, o que a predispõe para o estudo das diferentes matérias. Além disso, desenvolve também o pensamento lógico: começa a raciocinar, mesmo que não seja capaz de fazê-lo sem referência a objetos concretos. Este progresso do desenvolvimento mental permite-lhe libertar-se pouco a pouco do seu egocentrismo. Começa a tornar-se capaz de assumir o ponto de vista alheio e de captar as suas intenções. Assim torna-se possível a cooperação com as outras crianças.

2. A necessidade do grupo social e as brincadeiras com regras

Podemos dizer que aos seis anos começa a "idade social" da criança, que pela primeira vez passa a ser capaz de relacionar-se diretamente com os seus companheiros sem a ajuda dos adultos.

A criança sente agora a necessidade de estar com outras. As brincadeiras coletivas substituem as individuais, que perdem o atrativo. Desaparecem também os "monólogos coletivos"; as crianças mantêm diálogos curtos, mas muito vivos, enquanto brincam.

V. A "AMIZADE" NA TERCEIRA INFÂNCIA

Os grupos de brincadeiras passam a ser muito maiores do que no período pré-escolar, englobando de dez a quinze participantes, o que oferece maiores possibilidades para a adaptação social. As crianças reúnem-se de acordo com os interesses próprios da sua idade e não simplesmente pelas necessidades do momento, e isso contribui para tornar esses grupos mais estáveis do que antes.

Os jogos passam a basear-se no movimento, como o esconde-esconde ou as corridas. Meninos e meninas brincam separadamente pela primeira vez. O grupo de garotos diverte-se com os jogos que exigem força física, ao passo que as meninas preferem as atividades típicas da vida doméstica, como brincar de "casinha".

Ao longo de toda a terceira infância, passa a ser mal-visto entre as próprias crianças brincar com as do outro sexo. Se um menino brinca com uma menina, é considerado um "afeminado", e se uma menina se aproxima de um menino, é um "rapazote". Às vezes, podem ocorrer antagonismos entre o grupo de meninos e o de meninas; normalmente, são os meninos que agridem, ao passo que as meninas se defendem não lhes dando atenção. Esta separação entre os sexos tem uma função: permitir que meninos e meninas afirmem a sua masculinidade e feminilidade, para poderem encontrar-se mais adiante de forma madura.

Há um claro predomínio dos jogos competitivos, pois os meninos desta idade querem experimentar as suas novas capacidades e destrezas. Desejam "medir forças" com os seus companheiros e vencê-los na corrida, nos saltos e em todo tipo de habilidades. Os jogos competitivos exigem já certa organização, isto é, precisam de uma série de regras. Passamos assim do grupo informal do período pré-escolar para o grupo formal.

Os jogos competitivos têm um acentuado caráter social. Exigem um acordo mútuo que leve a estabelecer e aceitar algumas regras, e exigem igualmente ajuda mútua dentro da própria equipe ou do grupo de brincadeiras para superar os adversários. Surge assim a camaradagem ou o companheirismo, a cooperação numa atividade comum.

No começo, a organização das brincadeiras é rudimentar e a camaradagem não é sólida. O grupo é dirigido por um chefe que impõe uma autêntica ditadura. O líder tem prestígio diante dos companheiros, mais pela sua força física e habilidade nas competições do que pelas qualidades humanas. Mais para a frente, o grupo começa a democratizar-se.

A descoberta do sentido das regras é um avanço muito importante, tanto no desenvolvimento moral como no social da criança. Surge no momento em que a brincadeira se torna social. A regra deixa de ser vista como mera coação exterior, como na primeira infância, e passa a ser considerada algo livremente aceito, uma norma comum à qual todos se submetem voluntariamente.

Os meninos e meninas percebem assim a necessidade de adaptar o seu comportamento a algumas normas objetivas. Aprendem também a prescindir dos seus gostos e interesses pessoais em benefício do grupo. Deste modo "uma moral heterônoma, que vem pronta do exterior, é substituída progressivamente por uma moral autônoma, nascida da cooperação e baseada no respeito e na solidariedade"[1].

---

(1) B. Reymond-Rivier, *El desarrollo social del niño y del adolescente*, p. 132.

V. A "AMIZADE" NA TERCEIRA INFÂNCIA

O respeito à regra estimula nesta faixa etária o sentido da justiça, da lealdade, da ordem, do direito, do dever.... Os grupos de brincadeiras são regidos por normas morais que se convertem, com o tempo, numa espécie de código de honra. A camaradagem tem leis incompatíveis com a trapaça, a mentira e o "dedurismo".

Todas essas características confirmam que a vida social durante a terceira infância já é muito intensa. A criança é capaz de ter autênticos sentimentos coletivos. E, como salienta Debesse, até "os defeitos frequentes entre os escolares, como a fanfarronice dos meninos e a vaidade das meninas, são defeitos sociais"[2].

3. Os grupos infantis

Entre os nove e os onze anos, aumenta consideravelmente a necessidade da camaradagem, isto é, a necessidade de união nas atividades comuns. Também cresce muito a atitude de solidariedade, e um bom exemplo disto é que as crianças já não se acusam umas às outras. Preferem sofrer um castigo coletivo a denunciar um companheiro culpado.

Os grupos de camaradas estabelecem-se agora de forma mais seletiva do que nos três anos anteriores. Se antes eram simplesmente grupos de brincadeiras em que cabia qualquer criança da classe, agora estão integrados por meninas e meninos com interesses comuns. São muito mais reduzidos e tendem a isolar-se da coletividade escolar e

---

(2) M. Debesse, *Las etapas de la educación*, Nova, Buenos Aires, p. 73.

a silenciar as suas atividades. Funcionam como "sociedades secretas" em miniatura, com os seus ritos e costumes: cerimônias de admissão para provar a habilidade, senhas, códigos de comunicação, normas para a aceitação e a exclusão de membros etc.

Estes novos grupos recebem comumente o nome de *turmas*. É preciso frisar que as turmas infantis diferem bastante de outro grupo que veremos mais adiante, as turmas de adolescentes. As turmas infantis são grupos homogêneos tanto pela idade como pelo sexo. Não se admitem nelas os mais novos, por serem umas "crianças", nem os de mais idade, por serem uns "velhos". Ao mesmo tempo, acentua-se a separação entre garotos e garotas iniciada entre os seis e os oito anos.

É interessante analisar como a separação de sexos se reflete nessas turmas.

Os grupos de meninos têm uma clara estrutura hierárquica e muita coesão. São equipes únicas, sem fendas. As garotas, pelo contrário, têm menos espírito de equipe. Não sentem tanta necessidade de pertencer a grupos hierarquizados. Preferem unir-se em pequenos clãs de dois ou três membros a integrar-se num grupo grande, e esses grupos pequenos são menos fechados.

Outra diferença está nos valores que mais se levam em conta. Na turma de garotos predomina a ânsia de poder, e por isso escolhem líderes fortes, ambiciosos e atrevidos. No grupo de garotas, pesam mais a segurança afetiva e a simpatia. As meninas aspiram, antes de mais nada, a estimar e a ser estimadas; têm já um desejo de amizade. Não é ainda a amizade eletiva e de confidência ou união íntima própria da adolescência, mas apenas uma relação de afeto e

V. A "AMIZADE" NA TERCEIRA INFÂNCIA   111

simpatia dentro do pequeno grupo. Por isso, serão líderes das turmas as garotas que souberem ganhar a simpatia de todas as integrantes, ou, às vezes, as mais sofisticadas e atrevidas, por exemplo as que fumam ou as que procuram mostrar- -se sedutoras para passar a imagem de "mais velhas".

A terceira diferença entre turmas masculinas e femininas diz respeito ao tipo de atividades. Os garotos dedicam-se de preferência a jogos que exigem movimento, esportes, luta, acampamentos e explorações. As garotas preferem conversar, ir ao cinema ou ao teatro, organizar passeios e ler.

4. Possibilidades e problemas desta etapa para o desenvolvimento da amizade

Consideremos, em primeiro lugar, o período compreendido entre os seis e os nove anos.

A passagem do lar para a escola oferece muitas oportunidades para que a criança amplie o seu campo de relação social. No grupo de classe, encontrará outras crianças com temperamentos muito variados, com as quais terá de aprender a conviver; a vida escolar ajustada a normas de comportamento e horários ensina-a a conviver em situações muito mais exigentes que as da vida familiar; por estar diariamente na sala de aula, acostuma-se a trabalhar convivendo ou a conviver trabalhando; por fim, a relação com um grupo tão amplo de companheiros facilita que possa encontrar "amigos" para os jogos coletivos.

Essas oportunidades que a vida escolar oferece para o desenvolvimento da conduta social e amistosa chegam à criança no melhor momento: na "idade social". É a idade em que — como disse acima — já é capaz de relacionar--se com outras crianças da sua idade sem a tutela dos adultos. É também a época em que é capaz de cooperar com os outros em atividades comuns de trabalho escolar e de brincadeiras.

Passa a haver um aprendizado da conduta social através dos jogos submetidos a regras. O respeito a essas regras permite desenvolver diversas virtudes da convivência e fomentar os sentimentos altruístas que já comentamos. Ao mesmo tempo, as variadas possibilidades de atividades comuns estimulam a atitude de companheirismo e de camaradagem, o que é uma boa preparação para a futura vida de amizade.

Porém, ao lado dessas oportunidades positivas de convivência, a chegada à escola traz novos problemas. Além das fortes dificuldades de adaptação ao novo ambiente, a criança tem de aprender a conviver com outras crianças com quem não simpatiza, tem de adaptar-se à autoridade do professor e aos novos horários, ver de que modo entrar num dos grupos de brincadeiras etc. Naturalmente, é conveniente que se defronte com esses problemas, porque não há outra forma de vir a crescer na sua conduta social. Mas nada disso se consegue sem sofrimento, principalmente em certos casos. Refiro-me a crianças de caráter fraco, nada brilhantes e sem qualidades especiais para o relacionamento com os outros.

É frequente que, ao menos durante o primeiro ano de vida escolar, a criança desconfie dos seus companheiros de classe e alimente temores e receios. O "dedurismo" é um recurso comum para canalizar essa hostilidade inicial.

V. A "AMIZADE" NA TERCEIRA INFÂNCIA 113

Embora as regras que dirigem os jogos sejam uma fonte de possibilidades educativas para o amadurecimento social, nem todas as crianças as aceitam e respeitam desde o princípio. Muitas trapaceiam nos jogos, mentem em relação ao que aconteceu, tentam adaptar as regras ao que lhes convém em cada momento, dão mais importância ao brilho pessoal do que ao êxito do grupo, não sabem perder, promovem disputas e brigas durante o jogo, ameaçam continuamente as crianças de outros grupos ou equipes de jogo etc.

Analisemos agora as possibilidades e problemas do período compreendido entre os nove e os onze anos. Os principais elementos deste período que favorecem o desenvolvimento da conduta social e amistosa coincidem com dois traços típicos já citados: o significativo aumento da camaradagem e da solidariedade; e os grupos mais seletivos e reduzidos do que antes, em função de interesses pessoais e não simplesmente das exigências dos jogos e brincadeiras.

Já dissemos que o grupo próprio deste momento é a turma, mas falta indicar que função desempenha no aprendizado da convivência social. A turma infantil representa um estímulo contínuo para o desenvolvimento de qualidades positivas para a convivência, como ser leal e fiel ao grupo e a cada membro, agir de forma generosa e contar com os outros, superando os comportamentos individualistas.

A convivência dentro da turma infantil também ajuda cada um dos seus membros a avaliar-se a si mesmo de forma realista. Há um contraste entre a avaliação que a criança recebe no lar, onde costuma ser superestimada, e a que recebe por parte dos seus companheiros. Estes julgam-na sem se deixarem condicionar pelo afeto, mas em função do que ela diz e faz cada dia. Dentro da turma, portanto, a criança tem a oportunidade de reconsiderar o conceito que faz de si mesma, o que será muito importante para a sua futura adaptação social.

Neste período, podem ocorrer problemas com relação à convivência e à amizade. Um deles é que as turmas costumam ser muito fechadas, no sentido de que a partir de certo momento não se admite nelas nenhum aspirante. Como, por outro lado, buscam o isolamento com relação ao grupo amplo da classe e mantêm as suas atividades em segredo, existe o risco de que cada grupo se converta num "clube" de pequenos egoístas, que vivem o companheirismo e a solidariedade dentro do seu grupinho, mas não com relação aos outros colegas de classe.

Outro problema são as lutas entre as diferentes turmas. Algumas vezes não passam de algo semelhante aos jogos de competição, mas noutros casos degeneram em autênticas batalhas em que pode haver violência ou mesmo crueldade.

5. Ajudas educativas por parte dos professores e dos pais

Os auxílios educativos para que a criança possa superar as dificuldades que surgem no convívio social nesta fase cabem em boa parte aos professores, já que essas dificuldades ocorrem principalmente no ambiente escolar. Mas é conveniente que o trabalho da escola seja estimulado e apoiado pelos pais.

V. A "AMIZADE" NA TERCEIRA INFÂNCIA 115

Os professores devem procurar que o grupo-massa inicial formado pela classe se transforme em uma comunidade com relações interpessoais. É preciso que esse grupo formado artificialmente ganhe as qualidades próprias dos grupos espontâneos: aceitação dos membros entre si, confiança e ajuda mútua etc.

Para consegui-lo, o *companheirismo* deve ser um valor importante tanto para os professores como para os pais. É preciso explicar mais de uma vez às crianças o que é ser bom companheiro e por que se deve sê-lo. Interessa também louvar as condutas concretas de companheirismo e corrigir as faltas relacionadas com essa qualidade. Esse tema, portanto, deve ser tratado habitualmente nas entrevistas entre pais e professores ou tutores.

As relações pessoais entre os membros do grupo da classe surgirão mais facilmente ao fomentar-se a existência de grupos pequenos e de equipes para estudar e brincar. Trata-se de criar oportunidades para que as crianças se relacionem e se conheçam. É necessário variar de tempos a tempos a composição das equipes, a fim de que os integrantes tenham oportunidade de conhecer mais de perto os outros companheiros de classe.

Outro meio de estimular a convivência no começo da escolaridade são os encargos confiados a pequenos grupos de três ou quatro colegas, como por exemplo o de manter o mural atualizado com informações úteis para toda a classe (avisos, metas a conseguir, resultados obtidos em certas atividades etc.), organizar o armário em que se guarda o material das atividades da classe inteira, elaborar um diário ou jornal em que se relacionem os trabalhos realizados por todos etc.

É muito importante que as crianças de seis a nove anos tenham tempo para brincar juntas. Por isso, pais e professores deverão colaborar estreitamente entre si a fim de "defendê-las" de dois perigos frequentes: o excesso de deveres escolares ou de atividades extracurriculares e o excesso de televisão.

Os pais também podem ajudar os filhos nas eventuais dificuldades de convivência com os companheiros de colégio permitindo-lhes trazer alguns para brincar em casa. É extremamente útil que os pais das crianças se conheçam e entrem em acordo sobre esta questão. Um costume muito interessante é que as crianças convidem os companheiros de colégio para certos eventos, como por exemplo a festa de aniversário.

Quanto às regras que regulam os jogos e brincadeiras, é bom dar liberdade às crianças para que as interpretem e apliquem por si mesmas. De vez em quando, será necessário explicar-lhes por que é preciso respeitá-las e ensinar-lhes que têm de saber ganhar e perder. Devem aprender a não humilhar os outros quando ganham e a não irritar-se com eles quando perdem.

Pais e professores devem estar muito atentos para corrigir defeitos tão frequentes como as trapaças, as brigas contínuas, o abandono do jogo quando se começa a perder, as mentiras para ganhar etc. É bom esclarecer a essas crianças que tais defeitos lhes dificultam ter colegas primeiro e amigos depois, já que quem não joga limpo não é bem visto em nenhum grupo.

Quanto ao período de nove a onze anos, pais e professores devem, em primeiro lugar, facilitar as atividades típicas desta fase. Recordemos que as atividades dos garotos

V. A "AMIZADE" NA TERCEIRA INFÂNCIA — 117

estão mais relacionadas com o movimento, ao passo que as garotas procuram o entretenimento e a diversão.

Para que as crianças se comportem bem, é aconselhável apelar uma e outra vez para o sentimento de honra e o espírito de solidariedade. É bom ampliar a ideia que têm da solidariedade. Não se trata simplesmente de unir-se àquelas com quem simpatizam. É natural que não se relacionem com a mesma intensidade com todos os companheiros de classe, mas isso não significa que devam evitar o relacionamento com os outros ou que não cooperem com eles nas atividades comuns. Podem conviver mais com alguns, mas não devem ser egoístas nem desprezar ninguém.

Convém, neste sentido, animá-las a ser generosas com os colegas de classe que não estão integrados em nenhuma turma e, por isso, estão isolados. É conveniente também propor-lhes metas positivas para as atividades da turma: que não se reúnam simplesmente para passar uns bons momentos; que não se divirtam perseguindo alguém. Que vejam o que é que podem fazer juntas para aprender alguma coisa ou para ajudar outras pessoas.

Uma forma de prevenir ou reorientar as brigas entre turmas é canalizar a agressividade para os esportes competitivos, mas lembrando-lhes sempre o espírito esportivo.

Os "defeitos sociais" típicos deste período devem ser corrigidos sem descanso. As garotas começam já a ser presunçosas e vaidosas, e os garotos costumam ser fanfarrões e cruéis. Remplein afirma que este último defeito tem suas raízes na afetividade: "A vida afetiva da fase tardia da infância caracteriza-se por uma escassa profundidade. Isto é aplicável especialmente aos garotos, que às vezes nos dão a impressão de não terem coração nem sentimentos compassivos"[3].

O fato de muitas crianças serem capazes de descrever um acidente grave sem se comoverem ou de troçarem de pessoas com algum defeito físico parece dever-se à incompreensão da dor: "Via de regra, as crianças não conhecem a dor por experiência própria, e para compreendê-la faltalhes, sobretudo aos garotos, a necessária compaixão"[4].

Se os castigos coletivos não são aconselháveis em nenhuma idade, a partir dos nove anos são contraproducentes. Tanto as crianças na terceira infância como os adolescentes são capazes de suportar os piores castigos coletivos para não delatarem um companheiro; e o castigo não os levará a mudar de atitude, mas conseguirá apenas unir mais o grupo inteiro contra a pessoa que aplicou o castigo.

É preciso que os pais não se esqueçam de que as meninas estão mais adiantadas do que os meninos na evolução social. Por volta dos dez anos, elas buscam já a amizade, ao passo que os homens se limitam às relações de camaradagem e solidariedade. Os pais devem compreender e estimular essas amizades incipientes.

Nesta fase, é preciso ainda desenvolver de modo especial duas virtudes humanas que favorecem o aprendizado da convivência e da amizade: a *sinceridade* e a *generosidade*. Os pais devem, por conseguinte, preparar-se para levar a cabo a educação dos seus filhos nestas duas virtudes humanas[5].

---

(3) M. Remplein, *Tratado de psicología evolutiva*, p. 402.

(4) *Ibidem*, p. 402.

(5) David Isaacs, *La educación de las virtudes humanas*, pp. 61 e 171.

V. A "AMIZADE" NA TERCEIRA INFÂNCIA

A educação da sinceridade centra-se em objetivos como distinguir a realidade objetiva da fantasia e das interpretações pessoais; superar o medo de dizer a verdade; evitar o recurso à mentira para conseguir o que se quer. Deve ter um enfoque *positivo:* não se trata tanto de estar atento às possíveis mentiras e de ameaçar com castigos, mas de insistir na sinceridade como algo próprio de garotos valentes e bons companheiros. Os atos concretos de sinceridade devem ser gratificados com louvores e prêmios.

Com relação à generosidade, os pais devem levar em conta que as crianças não têm, em princípio, nenhum motivo para ser generosas: "A criança pequena não reconhece o valor das coisas que tem nem as necessidades alheias. Também não é capaz, normalmente, de esforçar-se muito. O resultado é que chega a ter um sentido de posse altamente desenvolvido e não quer que os outros participem das suas coisas"[6].

Já que a criança não é consciente dos valores que movem uma pessoa a ser generosa, a motivação ainda não pode basear-se na justiça, na caridade etc. Será necessário falar-lhe da retribuição gratificante que obtém dos outros por cada ato de generosidade, como o sorriso, a gratidão etc.[7]

* * *

Um breve resumo das principais *condutas educativas antes da adolescência:*

---

(6) *Ibidem,* p. 61.

(7) *Ibidem,* p. 61.

120 GERARDO CASTILLO

1. Desenvolver as virtudes da *sinceridade, generosidade* e *paciência* por meio de conversas, conselhos e repreensões, e sobretudo pelo exemplo.

2. Fomentar a *afabilidade* no relacionamento com os irmãos e os companheiros de jogo e de escola.

3. Estimular a atitude de *serviço aos outros*.

4. Fomentar a capacidade de *prescindir de alguns gostos* em benefício das outras pessoas.

5. Estimular a participação das crianças em *brincadeiras coletivas* e o respeito às *regras* dessas brincadeiras

6. Acompanhar e facilitar, na medida do possível, a adaptação social da criança ao *meio escolar*.

7. Apoiar a participação das crianças nas *turmas infantis,* bem como a convivência com outras crianças que não pertençam à própria turma. Favorecer as atitudes de *companheirismo* e *solidariedade* para com os outros membros do grupo de "amigos".

8. Suscitar experiências sociais positivas no lar, desde as primeiras idades, para estimular a *capacidade de abertura e cooperação* dos filhos. Para isso, dar exemplo de *compreensão e respeito* por todo o tipo de pessoas.

9. Criar em casa um clima de *preocupação pelos outros,* de *compreensão* e *cooperação nas tarefas comuns,* que predisponha favoravelmente para uma futura conduta amigável.

10. Valorizar e premiar as condutas sociais e amigáveis dos filhos, sobretudo na medida em que estejam *apoiadas em fatos concretos,* como por exemplo visitar um amigo doente, ajudar outras crianças nas tarefas escolares, colaborar com um irmão na realização de uma tarefa caseira, consolar uma criança que esteja triste, escrever cartas aos amigos durante as férias etc.

V. A "AMIZADE" NA TERCEIRA INFÂNCIA

11. Pôr os filhos em contato com *ambientes sadios* em que poderão conhecer crianças da sua idade e conviver com elas, como grupos de pais e parentes, clubes juvenis, atividades culturais e esportivas devidamente conhecidas de antemão etc.

12. *Dar exemplo* de uma conduta sincera, generosa, paciente, afável e disposta a servir a todo o momento.

VI. A amizade na puberdade e adolescência: a idade do compromisso pessoal

1. A conduta gregária nos grupos-massa

A chegada da puberdade (que se estende aproximadamente dos onze aos treze anos nas garotas e dos doze aos catorze nos garotos) fará a sociabilidade da terceira infância entrar em crise. Ocorre agora a perda de muitos hábitos de convivência adquiridos nos anos anteriores. Desaparecem as turmas e surge um novo tipo de grupo: o *grupo-massa*.

O grupo-massa é um conjunto de elementos não diferenciados. Os elementos ou membros do grupo assemelham-se uns aos outros "quase" tanto como as ovelhas de um rebanho. Dentro do grupo, só há lugar para o comportamento gregário, isto é, para a conduta social massiva, de manada.

Os contatos sociais dentro desse grupo são de caráter anônimo. Cada púbere é um mero número dentro da massa. Falta o comportamento autônomo e a relação pessoal entre os membros, substituída pela dependência do "coletivo". Todos os púberes aceitam docilmente a disciplina a que são submetidos pelo chefe do grupo, que costuma ser o mais forte, o mais hábil ou o mais prático. A necessidade de associação ou de pertença ao grupo predomina sobre a necessidade de obter experiências pessoais.

Esses grupos são abertos e pouco estruturados (existe unicamente o papel do líder). A união entre os participantes é muito superficial: não existe comunicação de vida íntima. A relação se estabelece somente através de comportamentos externos: o grito, a piada pesada, os empurrões, o palavrão, o comentário jocoso... Falta a conversa, a capacidade de falar de si mesmo e de escutar as preocupações pessoais do outro. É uma relação pouco intensa e comprometida dentro de um conjunto informal. O púbere tenta acobertar o seu vazio interior com o ruído e a agitação. Conserva ainda a extroversão da "criança crescida" e precisa de algum tempo para tornar-se consciente da intimidade que começa a nascer.

Como o grupo já não se governa por regras, também os critérios subjetivos de moralidade sofrem mudanças. O púbere tem "alergia" a qualquer tipo de regulamento, tende a uma conduta puramente espontânea, irreflexiva, de execução imediata. O critério moral já não é "o que se deve fazer", mas "o que apetece fazer" e "o que se costuma fazer". Nessas condições, não é estranho nem raro que surjam a conduta agressiva e a baderna.

Os grupos-massa da puberdade são homogêneos quanto à idade e ao sexo. A separação que existia na terceira infância entre grupos de meninos e grupos de garotas converte-se agora em aberta hostilidade ou guerra declarada.

VI. A AMIZADE NA PUBERDADE E ADOLESCÊNCIA   125

O comportamento dos grupos de rapazes difere, em alguns aspectos, do comportamento dos grupos de garotas da mesma fase. Os rapazes têm maior necessidade de unir-se aos seus iguais (principalmente para protestar contra os adultos), ao passo que as meninas tendem mais ao isolamento dentro do grande grupo, sentindo-se mais à vontade com umas poucas amigas.

Os rapazes que compõem o grupo passam a maior parte do tempo livre juntos e em atividade física contínua. Gostam de exibir-se em público e dirigem provocações pesadas a pessoas alheias ao grupo.

2. As relações pessoais na "turma" dos adolescentes

Perto do fim da puberdade (por volta dos treze anos para os garotos e dos doze para as meninas), os grupos-massa são substituídos por grupos menores e muito mais estruturados. Continuam a estar separados em rapazes e moças e reúnem integrantes da mesma idade. É a idade da "turma" propriamente dita, da turma dos adolescentes.

Essas turmas formam-se de maneira espontânea em função das afinidades pessoais. Certas qualidades favorecem a admissão no grupo, como por exemplo a esperteza, a jovialidade, a capacidade de realização, a audácia, a lealdade etc. Trata-se de grupos muito mais diferenciados do que as formações amorfas e informais de antes. Deixam de ser abertos para assumir uma feição forte e fechada, o que se pode perceber pela frequência com que os adolescentes aludem à sua turma e distinguem entre os que pertencem a ela e os que não pertencem. Esses "clãs" dificilmente aceitam novos membros e resistem à desagregação.

A turma é um grupo formalmente estruturado. Há um líder que se impõe aos outros por certas qualidades, como força, habilidade, valor, esperteza. Tem ideias e faz planos que rapidamente comunica aos outros (por exemplo, lutas entre "cavaleiros" para defender um amigo etc.), e protege o grupo dos observadores de fora e dos delatores. Existem também outras funções e papéis, como por exemplo o "intelectual", o "eficaz", o "engraçadinho" etc.

O grupo tem reuniões periódicas e sinais distintivos. Os seus membros devem adaptar a sua conduta às normas estabelecidas, que formam um autêntico código de obrigações. Há um marcante espírito de corpo e muita solidariedade entre os seus componentes; é bem-visto insurgir-se contra a autoridade por meio de comportamentos muito diversos — brincadeiras, travessuras etc. —, mas muito mal vista a falta de solidariedade, como "pregar uma peça" a outro membro do grupo ou não respeitar o código estabelecido etc.

Como vemos, há certa semelhança entre as turmas da terceira infância e as de adolescentes, pois têm em comum o fato de serem grupos muito estruturados e com forte coesão e solidariedade. Mas há também importantes diferenças, que falam por si sós do progresso alcançado no amadurecimento social.

As crianças das turminhas infantis são atraídas por gostos comuns e reúnem-se para brincar. Os adolescentes têm motivações mais profundas: compartilhar problemas parecidos, encontrar segurança, conhecer outros modelos de comportamento, ganhar novas experiências etc.

VI. A AMIZADE NA PUBERDADE E ADOLESCÊNCIA 127

Na turma, os outros são aceitos não apenas como companheiros de jogo ou de esporte, mas por determinadas qualidades pessoais.

Outra diferença reside em que a adaptação ao grupo escolar corresponde a uma necessidade comum a todas as crianças, o que constitui uma aquisição definitiva para o desenvolvimento da personalidade. Já "a adaptação ao grupo, no adolescente, não representa senão uma ajuda transitória dada ao indivíduo no decorrer da crise que atravessa. O adolescente pede ao grupo que o ajude a adquirir autonomia, mas renuncia a esse apoio depois que entra, porque os conceitos de autonomia e grupo são contraditórios"[1].

Podemos dizer, por conseguinte, que as relações entre os membros da turma adolescente são menos superficiais e utilitárias do que as relações entre os membros da turma infantil. São também muito mais pessoais do que as relações entre os componentes do grupo-massa da puberdade.

As turmas de garotos têm muitos componentes (nove ou dez, normalmente), ao passo que as de garotas são mais reduzidas (quatro ou cinco, no máximo). Para os rapazes, o grupo é importante por si só durante a adolescência; para as meninas, pelo contrário, é apenas um meio para estabelecerem contatos pessoais. Não se deve estranhar, portanto, que os garotos ocupem o seu tempo em fazer coisas coletivamente, enquanto as garotas preferem conversar, em grupo ou individualmente; mediante essas conversas, elas já exprimem os seus sentimentos, e assim chegam à amizade íntima antes dos rapazes.

---

(1) R. Fau, *Grupos de niños y de adolescentes*, p. 54.

Vejamos alguns exemplos reais.

A "turma dos Rochosos"[2] é formada por seis rapazes da mesma idade (dezesseis anos). Não é um grupo muito homogêneo, porque não existe um único líder déspota, mas três líderes que influem nos outros sem se impor. Há certa divisão de opiniões entre os membros do grupo.

Existem regras para se admitir um novo integrante. O candidato deve ser indicado por um membro da turma, e será aceito se tiver alguma das qualidades apreciadas pelo grupo. João, por exemplo, foi recebido porque sabia contar piadas, gostava do campo e dava valor à amizade, e porque substituiu Daniel, um membro da turma que adoeceu num acampamento.

Todos os componentes do grupo participam do planejamento das atividades com as suas ideias e habilidades particulares. Os acampamentos, por exemplo, são programados conjuntamente: decidem tudo entre todos e repartem o trabalho a ser feito. Cada membro da turma destaca-se por determinada habilidade e é admirado por isso. Nico é robusto, bom ginasta e tem sucesso com as garotas; Tônio é bom estudante; Agostinho sabe pensar e tem critério (chamam-lhe o "pequeno filósofo"); Daniel sabe dirigir etc.

Embora todos sejam amigos de todos, cada um tem um "melhor amigo" dentro do grupo. Assim, Goio conta-nos que "Tônio é o seu melhor amigo, juntamente com Agostinho. Entendem-se muito bem. Quantos passeios têm dado juntos pela margem do rio! Evoca as conversas

---

(2) *La panda de los Rocosos,* ICE, Universidade de Navarra, 1980.

no banco preferido da praça, depois de se terem despedido do resto da turma, saboreando o silêncio da noite e a conversa amiga. Menciona também os bons conselhos e as repreensões do amigo pelas suas escapadas da sala de aula para ir jogar bilhar"[3]...

Os temas de conversa mais frequentes? Deus, a eternidade, a situação conflitiva do mundo atual, a origem da terra, os esportes.

Noutro caso real, a turma é formada por quatro rapazes de quinze anos. É um subgrupo dentro do grande grupo da classe, do segundo ano do ensino médio. Os garotos formam um clã fechado e resistem a ser separados pelos professores.

Certa vez, os membros do grupo programaram e prepararam uma excursão para um fim de semana, dividindo as tarefas entre si. Um deles, Miguel, foi proibido pelos pais de ir, mas desobedeceu e foi assim mesmo, "porque não podia falhar com os amigos. Os pais não entendiam que já se tinha comprometido e que não podia deixar os seus amigos «na mão»"[4]. Todos os membros da turma se ofereceram para arcar com os seus gastos. Carlos, o líder do grupo, agradeceu-lhe a solidariedade, pois sem a sua presença a excursão teria fracassado. O episódio contribuiu para que Miguel se sentisse mais distante da família e mais unido à turma de amigos.

Os temas de conversa mais frequentes dentro do grupo? O autoritarismo dos pais e as ideologias políticas, ambos criticados abertamente.

---

(3) *Ibidem,* p. 5.

(4) *Ampliar horizontes,* Universidade de Navarra, 1979, p. 6.

Por volta dos dezesseis anos, surgiram opiniões opostas com relação à ampliação da turma. Três garotos eram favoráveis a abrir o grupo a novos amigos. Miguel, pelo contrário, sentiu-se desconcertado e decepcionado: "Eu quereria que a amizade que tenho com Rodolfo, Carlos e Pedro não fosse compartilhada com mais ninguém. Não podemos continuar como sempre? Os mesmos de sempre, unidos até o fim! Por que compartilhar com outros algo que é só nosso? Incomoda-me que Carlos queira introduzir os seus amigos no grupo. O seu «ampliar horizontes» magoa-me muito. Alguma coisa dentro de mim me diz: «Carlos atraiçoou-te. Traiu tudo o que é nosso. A amizade é uma m...» Em quem vou confiar agora?"[5]

3. A transição da camaradagem para a amizade

Durante a puberdade, a camaradagem coexiste com o início da amizade. Escolhe-se já a pessoa com quem se quer conviver, não para uma relação pessoal recíproca, mas simplesmente para compartilhar problemas comuns no âmbito da turma. Já na adolescência ocorre um avanço importante: chega-se à amizade íntima com pessoas singulares.

A amizade já não é mera união formal e exterior, mas uma união íntima baseada em valores compartilhados. Na adolescência (catorze a dezessete anos para os rapazes e treze a dezesseis para as moças), depois da *descoberta do eu* tem lugar a *descoberta do outro*. Esta descoberta realiza-se

---

(5) *Ibidem*, p. 1.

VI. A AMIZADE NA PUBERDADE E ADOLESCÊNCIA   131

"não já como um elemento extremamente indiferenciado de um «nós» bastante coletivo, mas como um «tu» singular. A amizade é a descoberta e a escolha de um «tu», e depois o estabelecimento de uma intimidade espiritual num «nós» privilegiado"[6].

Se durante a puberdade se buscava no "tu" o próprio "eu", na adolescência descobre-se o "tu" como uma realidade objetiva e independente. Começa a haver, pois, uma autêntica relação, um verdadeiro diálogo entre o "eu" e o "tu", ao mesmo tempo que se desenvolvem sentimentos nobres de grande valor social: o altruísmo, a compaixão, a entrega, o sacrifício...

Qual o processo que permite passar da amizade em grupo — própria da turma — para a amizade pessoal?

Por volta dos catorze anos, a turma divide-se em grupos menores em função dos interesses e gostos pessoais. Depois da experiência grupal, o adolescente precisa encontrar a sua própria personalidade. Esse processo começa a avançar quando nele aparece uma nova necessidade: descobrir o seu "eu" dentro do grupo. "A guinada importante é que, contrariamente à tendência pré-adolescente de influir através do grupo e como grupo, agora cada um se empenha em influir como pessoa dentro desse grupo"[7].

Com o desenvolvimento da interioridade, o adolescente passa a experimentar o desejo de encontrar-se apenas com alguns ou com um só, a fim de fazê-lo participar das suas experiências íntimas e para contrastá-las com as

---

(6) C. L. Allaer, A. Carnois e outros, *La adolescencia,* Herder, Barcelona, 1972, p. 195.

(7) F. Secados e outros, *Psicología evolutiva,* Unidad Didactica, n. 6, UNED, p. 32.

experiências do outro. Esse outro é, pela primeira vez, escolhido e querido por *si mesmo,* por ser pessoa, por ser uma realidade singular, e não pela função que é capaz de desempenhar.

O adolescente quer agora algo mais que companheiros ou camaradas, porque já sabe distinguir entre "amigos para divertir-se" e amigos que exigem um compromisso pessoal. Assim se produz a passagem da camaradagem para a amizade. Isto não significa que a camaradagem desapareça, pois o grupo continuará a ser importante ao longo de toda a adolescência.

Agora, porém, a amizade tem uma importância enorme. As relações sociais centram-se na busca do amigo e na convivência íntima. Os adolescentes costumam ter mais sensibilidade para a amizade do que as crianças e os adultos. O adulto costuma ter maior número de relações sociais, mas encontra mais dificuldades para ter amigos íntimos e verdadeiros, talvez por sentir menos necessidade deles.

Esse talento especial dos adolescentes para as relações de amizade reflete-se não só no fato de terem amigos íntimos, mas também nas suas ideias sobre o tema. Que conceito costumam ter os adolescentes sobre a amizade? Vejamos algumas respostas[8]:

> "Amizade é ter uma pessoa na qual se possa confiar totalmente e a quem se possam pedir favores sem pensar que é muito o que se pede, nas boas e nas más

---

(8) *Encuesta a adolescentes realizada por participantes en el Programa de Orientación Familiar a distancia,* ICE, Universidade de Navarra, 1986.

VI. A AMIZADE NA PUBERDADE E ADOLESCÊNCIA   133

ocasiões. É poder discutir diferentes pontos de vista sem brigar".

"Amizade é depositar no outro toda a minha confiança; jamais duvidar dele; saber que sempre está à minha espera para me ajudar a resolver situações difíceis ou para consolar-me nas minhas tristezas. Isto que peço a um amigo, também o ofereço a ele, com o mesmo desinteresse".

"A amizade baseia-se na confiança. É poder contar com o outro para bem e para mal. É saber compreender e poder mostrar-me tal como sou porque o outro me compreende. É deixar a dissimulação de lado e encontrar no «tu» um novo «eu » e um «tu»".

A confiança entre os amigos é um mútuo fiar-se do outro. Como confio no amigo, atrevo-me a agir como na realidade sou, sem fingir nem permanecer na defensiva. Isto é especialmente necessário na fase adolescente, já que, na tentativa de adaptar-se a um "eu" cambiante e de valer-se por si mesmo, o adolescente está cheio de dúvidas e incorre em erros que costuma esconder dos outros, por medo de ser rejeitado. O amigo íntimo é a única pessoa a quem pode revelar um problema pessoal sem medo de ser incompreendido ou ridicularizado.

A confiança mútua entre os amigos é necessária para poderem falar e pedir ajuda um ao outro com liberdade. Muitos dos adolescentes abordados na pesquisa dizem que amizade é falar, fazer confidências, comunicar-se, relacionar-se muito. À pergunta sobre como começa a amizade, uma garota responde:

"Penso que é com o relacionamento pessoal. Mas, para isso, é preciso falar. Quando alguém toca um tema e o outro o acompanha, surge a conversa e, com ela, a amizade. O fato de terem diferentes ideias de fundo não tem por que impedir a amizade, embora me pareça necessário que tenham a mesma ideia do que é a amizade"[9].

Um dos adolescentes consultados diz que "é preciso muito tempo para conhecer uma pessoa". E continua: "Penso que é o tempo que diz quem são os verdadeiros amigos, já que com o tempo se vê como cada um é, como reage diante das coisas, se atende aos nossos pedidos de ajuda". Em todo o caso, a maioria das respostas revela que os adolescentes têm uma capacidade especial para distinguir os verdadeiros amigos dos falsos.

Para muitos adolescentes, é nas situações difíceis que se percebe se alguém é amigo de verdade:

"Amigo de verdade é aquele que, nos momentos de dificuldade, em que precisamos de ajuda, está ao nosso lado, não se vai embora. É também aquele que, nos momentos de alegria, a compartilha conosco sinceramente, sem invejas".

"Amigo verdadeiro é aquele que não nos falha nunca, que está ao nosso lado nos bons e nos maus momentos, sem agir por interesse".

"Os amigos ajudam-nos nos momentos de necessidade, compreendem-nos, ao passo que os «pseudoamigos» nos abandonam nos momentos difíceis.

---

(9) Gerardo Castillo, *Sara Monzón,* Universidade de Navarra, 1983, p. 5.

VI. A AMIZADE NA PUBERDADE E ADOLESCÊNCIA   135

Estes últimos têm uma relação muito mais superficial conosco".

Outros adolescentes pensam que se descobre o verdadeiro amigo no dia a dia, e mais pela ajuda espiritual ou moral do que pela ajuda material:

"Costuma-se dizer que se conhece o verdadeiro amigo nos momentos difíceis, quando tem que «dar a cara» por nós, mas não é preciso esperar tanto. Pode-se reconhecer o amigo a qualquer momento, pela sua predisposição de ver-nos felizes, porque é assim que ele é feliz, é para isso que se relaciona conosco. Percebe-se que alguém é nosso amigo quando nunca renuncia a permanecer ao nosso lado, sempre é fiel, está «ao pé do canhão», à espera de que recuperemos a fé, o amor à vida que talvez tenhamos perdido".

Alguns adolescentes relacionam a amizade com a preocupação de corrigir o amigo. Aceita-se o outro como é, mas ajudando-o a superar os seus defeitos, sendo muito sincero e claro com ele:

"Os falsos amigos não nos apontam as falhas na nossa conduta, ao passo que os bons amigos o fazem, até com dureza. Os verdadeiros amigos falam-nos dos perigos que podemos correr e que eles conhecem, mesmo que isso lhes crie um compromisso"[10].

_____

(10) Estes seis últimos testemunhos sobre a amizade procedem da *Encuesta...*

136 GERARDO CASTILLO

Em contrapartida, falso amigo é aquele que busca na amizade só ou principalmente o seu interesse e a sua conveniência. Essa é a causa de que não se possa contar com a sua ajuda nos momentos difíceis. Isso explica também por que o falso amigo tem urna "vida dupla" e é desleal:

> "Falso amigo é aquele que fica borboleteando à nossa volta quando precisa de nós, mas que desaparece quando somos nós que precisamos de ajuda".

> "Falso amigo é a pessoa que tem duas caras: quando está junto de mim, mostra-se simpático, serviçal, e é incapaz de prejudicar-me, mas, quando fala de mim a outras pessoas, deixa-me escorrendo lama".

> "Falso amigo é aquele que não sabe guardar os segredos que lhe confiamos"[11].

4. As "amizades particulares" ou "amizades apaixonadas"

A amizade como relação pessoal e comunicação mútua de vivências íntimas costuma limitar-se inicialmente a um só amigo. Quando a turma adolescente se divide, surgem *pares de amigos.* Em certos casos, esses pares já existem antes de a turma se desfazer e por isso, para alguns rapazes, a vida dentro do grupo é compatível com a amizade pessoal com algum dos seus membros.

Essa relação com um único amigo durante a adolescência costuma denominar-se "amizade particular".

---

(11) R. Cuadrado, *La amistad, vocación de juventud,* OS, Madri, 1980, p. 30.

VI. A AMIZADE NA PUBERDADE E ADOLESCÊNCIA 137

As "amizades particulares" são a primeira forma de amizade personalizada. São, portanto, uma etapa normal dentro da evolução da amizade.

A "amizade particular" estabelece-se entre dois adolescentes da mesma idade e sexo. Um adolescente de treze ou catorze anos ainda não está maduro para ter amizade com uma pessoa do outro sexo. Alguns, além disso, envergonhar-se-iam disso diante dos companheiros.

Nessa fase, os sentimentos têm caráter exclusivo. O adolescente já não sente o mesmo interesse por várias pessoas ao mesmo tempo, mas apenas por uma pessoa determinada: "Tem fé no amigo, experimenta admiração por ele, testemunha-lhe o afeto com presentes, sente-se feliz ao fazer por ele um sacrifício. Com frequência, ao lado dessas características, surge um verdadeiro desejo de *comunhão,* de *identificação.* Os amigos alegram-se por possuírem os mesmos gostos, as mesmas opiniões"[12].

As amizades particulares da adolescência costumam ser vibrantes. À primeira vista, parecem-se muito com o amor entre homem e mulher que virá depois e que, de certa forma, estão preparando. Têm em comum com o amor algumas características: a de serem uma relação exclusiva, limitada a duas pessoas; a necessidade de compartilhar segredos; a tendência a segregar-se dos outros em busca de uma maior intimidade; o agrado no aspecto físico do outro; os ciúmes.

Estas amizades ardentes, exclusivas, desconfiadas, denominam-se também "amizades amorosas" e "amizades

---

(12) M. Debesse, *La adolescencia,* Vergara, Barcelona, 1962, p. 73; o grifo é nosso.

apaixonadas", porque "tomam a sua linguagem do amor e, como o amor, estão sulcadas de tormentas, brigas e rupturas, perdões e reconciliações. A traição de um amigo ou de uma amiga pode representar, para o adolescente ou a adolescente, uma experiência perturbadora que os atinge no mais fundo de si mesmos"[13].

É muito importante esclarecer que as amizades particulares da adolescência não se prendem a um desejo sexual *(vênus),* mas anímico *(eros).* O *eros* é um sentimento de afeto ou ternura. Num primeiro momento, é amor pela força ou pelo aspecto físico do outro. Mas o objeto desse amor não é o corpo em si mesmo, e sim o corpo animado e expressivo. A admiração pelas qualidades corporais é uma ponte para chegar à pessoa que as possui[14].

Num segundo momento, o *eros* é o amor à beleza espiritualizada. O adolescente já está "capacitado para distinguir entre a beleza do corpo e a da alma; agora compreende que um corpo feio pode esconder uma alma nobre e pura, e vice-versa"[15].

O adolescente sente-se atraído pelos valores de seu amigo, mesmo que no começo não tenha plena consciência deles. Em alguns casos, esses valores realmente estão encarnados no outro, mas em outros, não. Os adolescentes costumam ser vítimas de "ilusões" devido à necessidade que têm de encontrar valores nas outras pessoas. Quando mais tarde descobrem o engano, podem facilmente sofrer uma perda de fé no que há de bom e nobre no mundo.

---

(13) B. Reymond-Rivier, *El desarrollo social del niño y del adolescente,* p. 202.

(14) M. Remplein, *Tratado de psicología evolutiva,* pp. 526 e 528.

(15) *Ibidem,* p. 526.

VI. A AMIZADE NA PUBERDADE E ADOLESCÊNCIA 139

A "amizade particular" entre adolescentes do mesmo sexo não corresponde, portanto, a um impulso do instinto, mas a uma atração espiritual entre dois seres idealistas que se admiram mutuamente e procuram identificar-se um com o outro. Por isso, ao contrário do que algumas vezes se diz, não tem, normalmente, caráter homossexual, "não tem a sua origem no homossexualismo, mas no homoerotismo. *Eros* e *sexus* ainda estão separados. A natureza quer preparar de antemão essa função de duas pessoas de sexo diferente que consiste numa íntima relação psicocorporal, e para isso usa indiretamente a formação psíquica de um «nós» entre duas pessoas do mesmo sexo. Só depois que a faculdade do amor anímico tiver alcançado o seu pleno desenvolvimento nessa forma antecipada do «nós» é que o impulso sexual adquirirá também uma inconfundível firmeza no que se refere ao seu fim"[16].

Trata-se ainda de uma amizade imatura, condicionada pela tendência à comunhão própria da relação amorosa. Não se quer o bem do outro de forma totalmente desinteressada; não se respeita muito a autonomia do amigo; não se aceita que o outro tenha um segundo amigo. A amizade como afeto totalmente desinteressado, como puro amor de benevolência e como algo aberto a mais de uma pessoa, virá por volta dos dezesseis anos.

A paixão das amizades particulares *é,* portanto, tão somente um sintoma da necessidade de amar. É também uma oportunidade de amar sem risco: com estas amizades, evita-se um encontro prematuro entre um garoto e uma garota, quando ainda não têm condições de assumir

---

(16) *Ibidem,* p. 527.

um compromisso. Constituem assim "uma proteção da natureza contra o uso prematuro do impulso sexual, e só se pode interpretá-las mal quando se dá uma disposição perversa ou há uma influência da sedução"[17].

A relação própria dos pares de amigos do mesmo sexo na adolescência costuma ser muito frágil e, portanto, passageira. Cambaleia diante de qualquer dificuldade. Por isso, salvo algumas exceções, cada adolescente forma sucessivos pares antes de alcançar uma relação estável com um ou dois amigos.

5. Possibilidades e problemas da amizade em grupo

O grupo-massa da puberdade é necessário para o desenvolvimento pessoal, apesar da conduta gregária e da perda de hábitos e convivências. Faz parte da "ponte" que permite passar, de modo progressivo, da dependência total dos mais velhos, própria da infância, para o comportamento autônomo da idade adulta.

O grupo-massa é um refúgio e um apoio para esses seres inseguros e fracos que são os adolescentes de doze a catorze anos. No grupo, encontram estima e afeto: sentem-se compreendidos e aceitos. O fato de pertencerem a eles faz com que se sintam "importantes". O grupo é, assim, uma "saída" e uma proteção no momento em que começam a distanciar-se da família.

Na turma púbere, vive-se uma nova experiência de agrupamento ou associação. Já não se trata simplesmente

---

(17) *Ibidem*, p. 528.

VI. A AMIZADE NA PUBERDADE E ADOLESCÊNCIA   141

de unir-se para levar a cabo uma tarefa, como nos grupos infantis; agora, meninas e meninos buscam ajuda para os problemas pessoais. A vida no grupo serve para resolver conflitos interiores, para descarregar a agressividade, para crescer em audácia, para encontrar diversos modelos de identificação pessoal, para desempenhar novos papéis...

Juntamente com essas possibilidades positivas, o grupo--massa da puberdade traz novos problemas. O fato de se tratar de problemas típicos da idade e, por isso mesmo, passageiros, não exime pais e professores de uma intensa ação educativa. Se não houver esta ajuda, os problemas conjunturais podem transformar-se em problemas permanentes.

O problema de fundo está em que o desenvolvimento das atitudes sociais acaba por ficar praticamente interrompido. É verdade que o púbere se integra num grupo, mas trata-se de um grupo de conduta antissocial: falta a comunicação pessoal entre os seus membros e a participação de todos nas decisões, e falta também a capacidade de conviver com as pessoas alheias ao grupo.

Para Hurlock, esta fase "não é apenas «não-social», mas «antissocial», porque a conduta não é resultado da ignorância das exigências sociais. A criança sabe o que a sociedade espera dela e, no final da infância, já se adaptou a essas exigências. Há provas abundantes de que, durante a puberdade, a criança faz intencionalmente o contrário do que se espera dela [...]. Conhece muito bem as normas da casa e da escola, mas agora mostra-se desobediente, transgredindo tudo aquilo a que antes obedecia"[18].

---

(18) E. Hurlock, *Desarrollo psicológico del niño*, p. 399.

Entre os sintomas ou manifestações desse comportamento, encontramos em primeiro lugar a atitude antagônica do púbere diante de todo o tipo de pessoas: pais, irmãos, companheiros, professores etc. Perde a disposição de cooperar, própria da terceira infância, e enche-se de agressividade. Em casa, implica continuamente com os irmãos e mantém discussões frequentes com os pais; fora de casa, briga e luta com os colegas de classe e com os amigos pelas questões mais triviais.

Por outro lado, quando não está com o grupo de amigos, foge do contato com os outros e busca o isolamento. Já não tem interesse em conversar com os pais e professores. Diante das perguntas dos adultos, responde com monossílabos.

Quais são as principais causas dessa conduta antissocial? Uma delas está relacionada com as modificações físicas da puberdade. A transformação do organismo infantil num organismo adulto num período de tempo extremamente reduzido costuma ocasionar cansaço e perda de energia. Por sua vez, as mudanças corporais provocam no púbere preocupação e ansiedade, o que o torna indiferente a tudo o que está fora dele: "A criança que se preocupa especialmente por si mesma torna-se muito distraída. Uma pessoa egocêntrica nunca é social. A angústia origina uma conduta não-social"[19].

Outra causa da conduta antissocial costuma ser o medo diante dos novos deveres e responsabilidades. O púbere não tem inicialmente a fortaleza necessária para corresponder ao que os mais velhos esperam dele, sobretudo

---

(19) *Ibidem*, p. 400.

VI. A AMIZADE NA PUBERDADE E ADOLESCÊNCIA 143

quando a exigência é pouco realista. E "defende-se" com o isolamento e a agressividade.

É frequente que essa exigência seja pouco realista. Os pais tendem a julgar os filhos mais pelo desenvolvimento físico do que pelo mental: esquecem que, na puberdade, o desenvolvimento mental se encontra muito atrasado em comparação com o físico. Ao verem que o filho já tem a estatura e a força física de um adulto, esses pais pensam erroneamente que podem exigir dele um comportamento adulto.

A situação fica mais complicada quando os pais e professores não contam habitualmente com o ponto de vista do púbere ou não lhe explicam o porquê das exigências que fazem. Nessas condições, o jovem "ressente-se da súbita imposição dos novos deveres e responsabilidades. Dói-lhe que não lhe peçam as coisas, mas simplesmente lhe digam que tem de assumi-las, quer lhe agrade ou não. Isso origina sentimentos de martírio que, por si sós, bastariam para dar origem a atitudes e condutas antissociais"[20].

Para que o juízo sobre o comportamento típico deste período seja objetivo, é preciso lembrar que as mudanças operadas na puberdade parecem piores do que realmente são, uma vez que ocorrem logo após a conduta socializada própria das turmas infantis. Convém destacar, igualmente, que os autênticos problemas surgem apenas quando a fase do grupo-massa se prolonga para além do tempo normal. Neste caso, atrasa-se o começo do comportamento autônomo e da relação interpessoal. A dependência do coletivo dificulta o crescimento da vida íntima, e em consequência surgem moças e rapazes sem personalidade.

---

(20) *Ibidem,* p. 399.

Do mesmo modo, a ampliação do período do grupo gregário faz com que a deformação do critério moral ("fazer só o que se gosta e o que está na moda") deixe de ser algo conjuntural para converter-se numa atitude consolidada. Esta é umas das razões pelas quais um grupo normal de adolescentes pode acabar por transformar-se, eventualmente, numa turma de delinquentes.

Se passamos a analisar as possibilidades das turmas próprias da adolescência para o desenvolvimento da conduta social e amistosa, descobrimos que são muito numerosas.

Uma delas é precisamente a que leva uma relação social a transformar-se em relação de amizade, a escolher o amigo pelas suas qualidades pessoais. Recordemos que os membros de uma turma têm entre si afinidades relacionadas com a forma de ser ou o caráter de cada um deles. Recordemos também que é no âmbito da turma que surge a relação personalizada ou a amizade íntima entre pares de amigos.

A vida da turma favorece a conduta social e amistosa entre os seus componentes. Já não existe o líder autoritário ou despótico que impunha os seus pontos de vista e tomava pessoalmente todas as decisões. Há vários líderes e todos os membros do grupo participam do planejamento das atividades.

Os adolescentes têm agora a necessidade de formar a sua própria sociedade e de viver, socialmente, de acordo com um estilo próprio. Nesse clima, existem reuniões nas quais é possível falar livremente. Surgem igualmente as conversas entre dois ou mais membros, e, com elas, a oportunidade de aprender a escutar, compreender e expressar-se.

VI. A AMIZADE NA PUBERDADE E ADOLESCÊNCIA   145

As relações dentro da turma favorecem também outro requisito da conduta autenticamente amistosa: a conduta virtuosa ou moral. Depois da fase anárquica e da pura espontaneidade do grupo-massa, recuperam-se as regras que permitem pautar o comportamento diário e agir em função do dever. A vida no seio da turma adolescente é um convite quase contínuo à superação de si mesmo por meio do desenvolvimento de virtudes como a valentia, a lealdade, a fidelidade à palavra dada, a sinceridade, a fortaleza, o respeito aos outros, a generosidade etc.

Convém ter presente que o grupo não é um fim em si mesmo, mas um meio para alcançar o desenvolvimento pessoal. Não é uma situação permanente, mas uma fase dentro do processo de socialização. Por isso, deve desaparecer ou ao menos ficar em segundo plano quando essa fase tiver passado. Isso ocorre, normalmente, na chamada idade juvenil, por volta dos dezoito anos. Nesse momento, o jovem já deve ter superado a insegurança e a ansiedade da adolescência e, como consequência, não precisa mais do apoio ou do respaldo do grupo. Poderá continuar a fazer parte de um grupo de amigos, mas sem depender dele e tornando-o compatível com a amizade individual.

Tudo isto significa que o grupo é apenas uma ajuda conjuntural e passageira, não uma solução definitiva para o amadurecimento de cada pessoa: "O grupo, espontâneo ou não, não é, ou não deveria ser, mais do que uma solução provisória. Chega normalmente um momento em que o adolescente experimenta a necessidade de afirmar-se num mundo mais pessoal e de assumir sozinho a condução da sua vida. Através dos outros, tomou consciência de si mesmo, das suas possibilidades, do seu valor, e de agora em diante buscará em si mesmo as suas razões de existir"[21].

Alguns adolescentes não superam a fase do grupo, quer do grupo-massa da puberdade, quer da turma da adolescência propriamente dita. Instalam-se de um modo definitivo dentro do grupo. Quais são as possíveis consequências deste fenômeno?

O prolongamento artificial da fase do grupo acaba por dificultar aquilo mesmo que o grupo tinha começado a facilitar: a afirmação da personalidade própria. "Ao invés de ser um trampolim de onde o jovem salta para a vida, a turma acaba por ser o seu refúgio, um meio de fugir das suas responsabilidades, uma muleta. Pois o grupo pode ser alienante: a submissão ao ideal coletivo implica a renúncia a uma parte de si mesmo, e às vezes a toda a reflexão pessoal"[22].

Pode acontecer assim que um grupo de adolescentes, que nasceu para explorar o mundo, acabe por fechar-se sobre si mesmo para fugir ou defender-se dos problemas desse mesmo mundo. Nessas condições, o grupo mantém os participantes numa situação de imaturidade, já que os impede de atuar com autonomia; acostumam-se a buscar no grupo a segurança que deveriam encontrar dentro de si mesmos.

Uma consequência possível desse comportamento são as turmas juvenis delinquentes, das quais falarei mais adiante: os jovens que as integram não são capazes de agir por si mesmos na vida; precisam de que o grupo pense e decida

---

(21) B. Reymond-Rivier, *El desarrollo social del niño y del adolescente*, p. 229.
(22) *Ibidem*, p. 230.

VI. A AMIZADE NA PUBERDADE E ADOLESCÊNCIA   147

por eles. Outra consequência é que, pela mesma incapacidade de adquirir hábitos de reflexão pessoal, tornem-se excessivamente dóceis e passivos em relação às influências exteriores. Deste modo, por exemplo, estão praticamente indefesos ante a ação das ideologias totalitárias.

É bom que tanto os pais como os filhos adolescentes saibam que a instalação definitiva no grupo apresenta todos esses riscos. Também convém que saibam que, nessa situação, não existe amizade pessoal. Esses agrupamentos artificiais favorecem a "amizade" apenas em função de uma tarefa comum e como mera proteção; o comportamento uniforme — a mesma forma de agir por parte de todos os membros — predomina sobre o pessoal, original. Tudo isso é um retrocesso no desenvolvimento da conduta social e amistosa: significa regressar a modos de agir típicos da infância.

6. Possibilidades e problemas da amizade individual

Uma das principais possibilidades positivas da amizade individual que surge nas turmas adolescentes ao redor dos quinze anos é o *conhecimento próprio*. A comparação com o amigo é o único meio de que o adolescente se serve para avaliar o seu progresso. O amigo é agora o "espelho" em que procura conhecer-se: as atitudes do amigo e as suas posições diante da vida são para ele um ponto de referência muito importante; são padrões de medida para julgar os seus próprios critérios de conduta. Por isso busca a opinião do amigo sobre a sua forma de ser e de agir.

O amigo reflete, assim, a imagem do amigo. Esta imagem é a consequência de um juízo favorável ou desfavorável, mas sempre útil para obter um conceito mais objetivo e realista de si mesmo. O adolescente descobre-se completamente a si mesmo diante desse espelho vivo que reflete a sua imagem. Essa função de "espelho" é possível na medida em que se confia no amigo porque se está vivendo problemas semelhantes aos dele.

Evidentemente, o espelho só existe na medida em que haja conversa, mas esta é favorecida pela facilidade que os adolescentes têm para a comunicação afetiva: têm o dom da empatia ou capacidade para ver os problemas do outro como este os vê e experimenta. E assim se estabelece uma ajuda mútua para o conhecimento próprio.

A amizade pessoal oferece uma segunda possibilidade: a *descoberta dos valores*. O adolescente contempla a beleza espiritual do amigo e capta os valores que a tornam possível: "O jovem não vê no amigo apenas muitos valores ocultos para as outras pessoas, mas, além disso, atribui-lhe outros que na realidade não tem, e assim infunde o seu próprio ideal nele, isto é, idealiza-o"[23].

Quer isto dizer que descobre não só os valores do amigo como o capítulo do mundo dos valores em si: "A tensão polar com o «tu» descobre ao «eu» o próprio mundo dos valores, que passará a informar e organizar a sua vida. Acaba sendo uma espécie de jogo «enganoso»: o jovem busca na amizade a satisfação do seu desejo de confiança e compreensão, de amor e compenetração, e a amizade serve-lhe, na realidade, para formar a sua própria pessoa e

---

(23) M. Remplein, *Tratado de psicología evolutiva*, p. 529.

VI. A AMIZADE NA PUBERDADE E ADOLESCÊNCIA

o seu próprio ser"[24]. Esta experiência dos valores ajuda-o a dar sentido à sua vida e a elaborar projetos de vida, relacionados principalmente com o mundo da família, da convivência social e do trabalho.

Mas a fase da amizade pessoal ou íntima não está isenta de problemas. Um deles é consequência do caráter idealizado da amizade nos adolescentes: "Precisamente porque o amigo representa o que há de mais elevado e nobre, porque nele se encarnam inúmeros ideais, porque dele se espera tudo o que os outros não proporcionam, por tudo isso podem ocorrer decepções amargas logo que se levanta o véu idealizador e se descobre a realidade clara, a individualidade verdadeira dessa pessoa. Este tipo de crises não pode ser evitado na amizade entre os jovens"[25].

Decepções assim podem levar o adolescente a um estado mais ou menos duradouro de confusão e pessimismo. A desmistificação do amigo íntimo é, ao mesmo tempo, uma desmistificação do mundo em que vive: se a pessoa mais admirada falha, que pode ele esperar dos outros?

Outro problema são os defeitos na forma de viver a amizade. Os sentimentos altruístas gerados na relação com os amigos não impedem necessariamente que a amizade seja afetada por atitudes de egoísmo e vaidade. É frequente, por exemplo, que os adolescentes imponham sistematicamente os seus gostos e critérios aos amigos; que se

---

(24) *Ibidem,* p. 529.

(25) M. Remplein, *Tratado de psicología evolutiva,* p. 529.

150 GERARDO CASTILLO

lembrem do amigo somente quando precisam dele; que aparentem qualidades que na realidade não têm; que imitem pessoas que têm êxito para ocultar a sua própria forma de ser etc.

A amizade particular traz também alguns riscos. Embora não corresponda normalmente a um desejo sexual, como já vimos, mas a um sentimento de afeto, o fato de esse sentimento estar ligado ao desejo de posse típico da relação amorosa é, em princípio, preocupante. O adolescente projeta na relação de amizade emoções e atitudes próprias do amor.

A amizade apaixonada ou amizade amorosa é, assim, uma fase ambígua na qual não se podem descartar desvios, caso se prolongue mais do que o normal ou se estabeleça com pessoas de mais idade ou de pouco critério.

O prolongamento da etapa da amizade exclusiva pode dificultar também a abertura para um segundo e um terceiro amigo e a relação com pessoas do outro sexo: "O maior dos perigos desta persistente intimidade é que, por causa dela, o indivíduo se encontra privado da oportunidade de um desenvolvimento normal e correto, de um extenso contato social com indivíduos de ambos os sexos, contato que é de enorme transcendência durante este período da vida"[26].

O adolescente que teve um só amigo íntimo durante vários anos está exposto ao perigo de continuar assim mais tarde. Terá estabelecido uma relação de dependência muito difícil de desfazer.

---

(26) K. Garrison, *Psicología de los adolescentes,* Marfil, Alcoy, 1968, p. 399.

7. Ajudas educativas da família

Mesmo que o comportamento dos adolescentes dentro do grupo-massa inicial não seja sempre muito correto, os pais não devem impedir esse tipo de convivência, já que ajuda a satisfazer muitas necessidades pessoais como as que descrevemos acima.

Quanto ao comportamento antissocial do adolescente em casa, é conveniente, em primeiro lugar, ser flexível na aplicação das normas e regras de conduta. Já que agora lhe custa especialmente adaptar o seu comportamento a fórmulas pré-estabelecidas, é prudente permitir-lhe certa espontaneidade na maneira de enfrentar as suas responsabilidades.

Um princípio que pode ser útil neste momento é o seguinte: que os filhos façam as coisas quando quiserem e como quiserem, com a única condição de as fazerem bem-feitas. Outro princípio é evitar corrigi-los em tudo o que fazem mal. É preferível exigir-lhes apenas umas poucas coisas porque, caso contrário, serão incapazes de corresponder ao que lhes é pedido.

Se não se levam em conta estes princípios, facilmente haverá brigas contínuas entre pais e filhos adolescentes. É bom que os pais sejam muito realistas no que exigem dos seus filhos nessa idade. Não devem esquecer que são crianças crescidas, mas não adultos.

Tão importante como o grau de exigência, ou mais ainda, é a forma como lhes são propostas as responsabilidades. É contraproducente impor normas e leis, já que esta atitude gera rejeição nos adolescentes. Trata-se, pelo contrário, de apresentar as exigências como uma oportunidade para os filhos colaborarem no desafio de levar a família adiante. Melhor do que dar-lhes ordens contínuas é apelar para a sua generosidade, o que enlaça com os sentimentos altruístas típicos da adolescência, que já se encontram latentes.

Para estimular o sentido de cooperação em casa, pode ser útil dar tarefas comuns a vários irmãos, tarefas que estejam relacionadas, além disso, com os seus gostos ou interesses.

Dado o caráter antissocial da puberdade e da adolescência, não faz sentido querer que os filhos estabeleçam amizades pessoais ou íntimas nesta fase. O desenvolvimento da virtude da amizade deve ser precedido pelo desenvolvimento das virtudes da sociabilidade e do respeito.

Com relação ao cultivo da *sociabilidade,* David Isaacs sugere que se fixe em quatro aspectos[27]:

- aprender a conviver;
- desenvolver a capacidade de comunicar-se;
- aproveitar e criar caminhos adequados para a sociabilidade;
- relacioná-la com a solidariedade[28].

No que se refere ao *respeito,* o mesmo autor sugere que se cuide de vários aspectos relacionados a alguns problemas típicos da adolescência. Um deles é ensinar os filhos a

---

(27) Este autor define a virtude humana da sociabilidade como a qualidade adquirida que "aproveita e cria os canais adequados para relacionar-se com diversas pessoas e grupos, conseguindo comunicar-se com eles a partir do interesse e da preocupação que a pessoa demonstra pelo que os outros são, dizem, fazem, pensam e sentem" (cf. David Isaacs, *La educación de las virtudes humanas,* EUNSA, Pamplona, 1986, p. 395).

(28) Cf. D. Isaacs, *La educación de las virtudes humanas,* p. 395.

VI. A AMIZADE NA PUBERDADE E ADOLESCÊNCIA   153

perceber quando estão faltando com o respeito aos outros, já que nessa idade percebem muito mais facilmente a conduta desrespeitosa dos outros do que a própria.

O segundo aspecto é ampliar a ideia que o adolescente tem do respeito. Temos aqui um problema: "O adolescente entende o respeito unicamente como um «deixar de agir, procurando não prejudicar», e assim não reconhece o seu dever de ajudar os outros. Se os outros têm também a possibilidade radical de melhora, o respeito por eles deveria levar a ajudá-los a alcançar uma maior plenitude pessoal"[29].

É preciso que os pais estejam atentos a que a fase grupal da sociabilidade não se estenda demasiado. Se estiverem em contato com os professores ou tutores e com os pais de outros adolescentes, terão oportunidade, por via indireta, de pôr o filho em contato com algum possível amigo pessoal.

Na fase da amizade individual, devem ajudar os filhos quando sofrem as primeiras desilusões. Mediante uma ou várias conversas, podem e devem informá-los de que não existe o "amigo perfeito" e de que uma das funções principais da amizade é ajudar o amigo a melhorar como pessoa, por meio do exemplo e da "correção amistosa". Nessas conversas com os filhos adolescentes, podem também falar das leis ou regras da amizade verdadeira, a fim de lhes dar um ponto de referência para julgarem o seu próprio comportamento e corrigirem possíveis defeitos.

Quando a amizade pessoal é exclusiva (é o caso da "amizade particular" ou "amizade apaixonada"), os pais

---

(29) *Ibidem*, p. 155.

devem observar atentamente como se desenvolve, a fim de corrigirem a tempo qualquer sintoma perigoso. Mas devem fazê-lo com serenidade, sem dramatizar. É normal que se preocupem com esta etapa, uma vez que apresenta riscos importantes. Mas tanto a predisposição para pensar mal como a intervenção precipitada e contundente quando reparam em algum sintoma estranho são contraproducentes: "Uma intervenção grosseira pode não só reforçar um eventual sentimento de culpa, mas também fixar o filho num comportamento anormal. Com muita frequência, além disso, pais e educadores tendem a ver o mal onde não está de forma alguma, suspeitando injustamente de que uma amizade perfeitamente pura seja «doentia» e fomentando a confusão e o erro na alma dos jovens"[30].

Os procedimentos autoritários que tentam sufocar uma amizade desse tipo costumam reforçar a união entre os dois amigos, que passa a ser uma luta comum diante daquilo que consideram uma ofensa. Se se deseja prevenir ou corrigir os efeitos negativos da amizade particular, o procedimento mais eficaz é o de *favorecer a ampliação das relações sociais dos filhos*. Trata-se de criar situações para que tenham a oportunidade de conhecer possíveis novos amigos (por exemplo, acampamentos ou colônias de férias).

Outro procedimento é esperar pacientemente que essa amizade particular termine: "Proibi-la é lançar lenha à fogueira, ao fogo da rebeldia e à chama da amizade. Por outro lado, seria muito mais sábio deixar que ela se apague

---

(30) B. Reymond-Rivier, *El desarrollo social del niño y del adolescente*, p. 204.

VI. A AMIZADE NA PUBERDADE E ADOLESCÊNCIA   155

sozinha, pois por mais apaixonada e exclusiva que seja, e talvez precisamente por isso, raramente é duradoura"[31].

Uma amizade íntima nascida antes dos dezesseis anos dificilmente sobrevive. A amizade adolescente não costuma resistir à separação: uma mudança de colégio de um dos dois amigos é suficiente para que a relação seja menos sólida ou desapareça. Nessas idades, o "melhor amigo" não costuma durar muito, e logo é substituído por outro "melhor amigo".

Mas, quando a amizade particular origina problemas graves, pode ser mais aconselhável intervir do que esperar. Exemplos desses problemas: a atração física entre os dois amigos do mesmo sexo; a amizade com um "mau amigo" que domina o filho, o que é especialmente preocupante quando tem mais idade. Esse "mau amigo" pode agir de forma permissiva em matéria sexual, pode ter vícios como a bebida ou a droga, pode ler e recomendar todo o tipo de livros sem nenhum critério de seleção etc. Nesses casos, esperar pode ser colaborar para que o filho se perca.

A intervenção, porém, não deve ser autoritária, já que, como acabamos de ver, isso costuma reforçar o vínculo já estabelecido. Consiste antes em fazer o filho refletir sobre a natureza dessa amizade para que descubra por si mesmo o risco que está correndo e decida pessoalmente terminar com ela.

Muitos problemas desta fase podem ser prevenidos se os pais consideram que a amizade é uma *virtude humana* que deve ser desenvolvida agora com especial empenho. A amizade é virtude na medida em que o seu exercício

---

(31) *Ibidem*, p. 203.

influi positivamente no aperfeiçoamento pessoal próprio e alheio.

É preciso que os pais ajudem os filhos a descobrir as exigências éticas da relação de amizade. Para que a amizade melhore como pessoas os dois amigos, ambos devem esforçar-se por adquirir outras virtudes humanas que a complementam: lealdade, generosidade, pudor, compreensão, respeito etc.

* * *

Vejamos em resumo as *condutas educativas* que convém observar durante a adolescência. Como já vimos, o essencial, neste período, é esclarecer e prevenir dúvidas e problemas sobretudo através da conversa pessoal com cada filho:

1. Fomentar a *amizade pessoal entre todos os membros da família:* entre os esposos; entre pais e filhos; entre avós e netos; entre irmãos.

2. Explicar aos filhos o conceito e as características da *verdadeira amizade.* Ajudá-los a *distinguir a amizade autêntica* das amizades superficiais e de conveniência. E, igualmente, ajudá-los a distinguir a amizade de *outros tipos de relacionamento:* companheirismo, simpatia, sociabilidade, amor. Para isso, ter *conversas* e *leituras comuns* com os filhos relacionadas com o conceito e qualidades da amizade.

3. *Ampliar a ideia* que tenham da amizade: abertura a novas pessoas; dar e não só receber; relação destinada ao aperfeiçoamento pessoal e ao do amigo, e

VI. A AMIZADE NA PUBERDADE E ADOLESCÊNCIA 157

não simplesmente a passar uns momentos agradáveis e divertir-se etc.

4. Apresentar a amizade pessoal ou íntima como um *compromisso entre duas pessoas,* em função de alguns *valores permanentes* que devem ser respeitados e mantidos. Mostrar que é uma relação que exige um *comportamento ético recíproco,* ou seja, a observância de certas regras e a vivência de algumas virtudes: sociabilidade, simplicidade, respeito, pudor, compreensão, prudência, flexibilidade, lealdade...

5. Orientar os filhos em possíveis problemas derivados da *amizade grupal:* atitude excessivamente gregária, conduta agressiva etc.

6. Orientá-los em possíveis *problemas derivados da amizade pessoal:* amizades particulares e amizades socializadas.

7. Orientá-los também quanto ao *relacionamento rapaz-moça,* para prevenir as possíveis consequências de uma amizade demasiado íntima: noivado prematuro, relações pré-matrimoniais etc.

8. Orientá-los quanto aos riscos da *falta de amigos* e dos *maus amigos;* mostrar-lhes que devem saber vencer a timidez e o comodismo, e reconhecer e evitar de antemão os falsos amigos.

9. Animá-los a *orientar e ajudar os seus amigos* a ser melhores pessoas e melhores amigos.

10. Saber *tornar compatível a vida de família com as amizades dos filhos;* manter uma certa flexibilidade nas normas familiares para que os filhos possam conviver com os amigos. Criar ambientes e situações atrativas na família para que os filhos possam *convidar os seus amigos.*

11. Criar algumas *amizades comuns a pais e filhos.*

12. Fazer amizade com alguns *amigos dos filhos.*

13. Fazer amizade com *os pais dos amigos dos filhos,* a fim de cooperarem juntos em tudo o que diz respeito a este tema.

14. *Informar-se* por meio do filho e por vias indiretas sobre a sua vida de amizade: quem são os seus amigos, em que atividades ocupam o tempo, que lugares frequentam etc.

15. Mostrar aos filhos *exemplos de verdadeira amizade,* sincera, respeitosa, leal, generosa... Dar-lhes exemplo de como ter *muitos e bons amigos.*

16. Dar-lhes a oportunidade de *conhecerem pessoalmente* os amigos dos pais para poderem ver como é essa relação.

17. Dar exemplo aos filhos de uma *relação conjugal harmônica e amistosa.*

18. Dar aos filhos a oportunidade de *corresponderem à ajuda dos pais* manifestando as suas opiniões e experiências, criando assim a relação de reciprocidade necessária para que possa existir amizade entre os pais e os filhos adolescentes.

19. *Ter compreensão, respeito e prudência* com relação às amizades dos filhos para evitar possíveis conflitos.

VII. Amizade e amor entre rapazes e moças adolescentes

Vimos já como na puberdade a amizade entre adolescentes do mesmo sexo costuma estar "tingida" de amor. As "amizades particulares" são uma clara expressão desse fenômeno. Amor e amizade aparecem também misturados, em algumas ocasiões, nas turmas mistas de adolescentes que surgem depois. Mais adiante esses dois sentimentos vão-se diferenciar, de forma que entre dois jovens de sexo diferente já será preciso optar entre a amizade e o amor. Mas esta possibilidade teórica não deve ocultar-nos um fato real: a amizade *íntima* entre dois adolescentes de sexo distinto tende a converter-se em paixão.

Um dado fundamental que é bom recordar para compreender a evolução das relações entre moças e rapazes ao longo destas idades é o seguinte: durante a puberdade ou adolescência inicial e parte da adolescência média, os dois elementos que compõem o amor (instinto sexual e sentimento de ternura) estão ainda dissociados.

Esta dissociação mostra que o amor ainda se encontra numa fase de imaturidade: "Enquanto na alma já formada

160 GERARDO CASTILLO

do adulto erotismo e sexualidade se unem numa experiência única, de forma que a pessoa amada se converte ao mesmo tempo em objeto do amor psíquico, que aspira a conteúdos espirituais, e do impulso sexual, que se inclina para a união corporal, um e outro estão ainda separados na alma florescente do jovem e por isso não se encaminham para um único e mesmo objeto"[1].

Há, portanto, uma evolução ou desenvolvimento progressivo da capacidade de amar ao longo da puberdade e adolescência. O que normalmente se denomina "nascimento do amor" ou chegada do "primeiro amor" não costuma ocorrer antes dos dezesseis anos, nas moças, e dos dezessete ou dezoito, nos rapazes. A partir desse momento, o instinto e a ternura fundem-se ou integram-se harmonicamente[2].

Isto não significa que a ideia de amor se reduza à simples conjunção entre os dois elementos citados: "O amor aparece como uma resultante, uma atividade diferente que se enraíza no instinto e no afeto e que, nutrindo-se deles, os ultrapassa amplamente. É uma aspiração à unidade e a uma perfeição superior"[3].

---

(1) M. Remplein, *Tratado de psicología evolutiva*, p. 525.

(2) Este quadro está hoje parcialmente modificado pela massacrante propaganda sexual a que foram submetidas as gerações dos anos 1970, 1980 e 1990. A tendência é que amor *(eros)* e impulso sexual *(vênus)* se mantenham desvinculados nesses jovens, e não cheguem nunca a integrar-se harmonicamente. Como rapazes e moças, além disso, veem-se quase que obrigados pela pressão do ambiente (às vezes até no seio da família!) a ter uma "vida sexual" praticamente desde a puberdade, o resultado é que o amor propriamente dito fica sufocado sob a mera inclinação física. Também a enorme quantidade de casamentos que fracassam no segundo ou terceiro ano de vida conjugal não se deve a outra razão. (N. E.)

(3) M. Debesse, *La adolescencia*, p. 73.

VII. AMIZADE E AMOR

Como é, normalmente, a evolução ou o caminho que conduz ao nascimento do primeiro amor? Tentaremos responder a esta questão distinguindo diversas fases ou momentos. Em cada uma dessas fases, procuraremos mostrar tanto os aspectos comuns ao homem e à mulher como os que são diferentes.

Esta descrição permitir-nos-á observar que a adolescência não é a idade em que se encontra o amor, mas a idade em que se busca e descobre o amor de forma lenta e progressiva. Só no fim da adolescência, na idade juvenil, é que será possível um amor dotado de sentido e de viabilidade. Mas isso não acontece de foma puramente espontânea ou necessária. Os adolescentes precisam de ajuda educativa ao longo dessa busca, a fim de poderem chegar ao verdadeiro amor. Desse modo, poderão evitar qualquer confusão entre o amor bem entendido e os seus frequentes reducionismos.

1. O antagonismo inicial entre adolescentes de sexos diferentes

Durante a puberdade, meninas e meninos tendem a isolar-se em grupos unissexuais. Uns e outros organizam a sua vida de forma independente. Os rapazes permanecem dentro do grupo-massa ou grupo gregário que já estudamos, e as garotas agrupam-se nos pequenos clãs de no máximo quatro ou cinco componentes.

Entre os dois grupos ocorrem apenas contatos esporádicos, não para se comunicarem, mas para brigar. Os rapazes normalmente tomam a iniciativa, maltratando as garotas com palavras ou atos. As meninas defendem--se: umas vezes fingindo que não lhes dão atenção, outras, censurando-lhes a conduta.

Por trás dessa aparente apatia e hostilidade passageiras existe um fenômeno novo: o interesse pelo outro sexo. Cada qual repara no outro. A conduta agressiva não é um processo para se afastarem mutuamente, mas para entrarem em contato, pois a timidez os impede de se relacionarem de outro modo.

A relação costuma ser mais problemática para os rapazes. Quando estão na presença das garotas, encontram-se numa situação embaraçosa: o sentimento de vergonha leva--os a sentir-se pouco à vontade. A agressividade é então um mecanismo de defesa e serve-lhes para afirmar e expressar a sua virilidade nascente.

O interesse pelo outro sexo surge nesta idade como consequência do desenvolvimento dos dois elementos do amor já citados: o instinto sexual e a ternura.

Quanto ao instinto sexual, costuma ficar isolado na própria pessoa, isto é, ainda não se orienta para o outro sexo. Deve-se falar, por isso, de um despertar da sexualidade "para dentro". O instinto age como se ignorasse a sua finalidade, não só por estar dissociado do sentimento amoroso ou amor psíquico, mas também porque o interesse pelo outro sexo se encontra atenuado ou enfraquecido pela atenção prestada às mudanças que se produzem no próprio corpo. São mudanças que absorvem toda a atenção do adolescente.

É preciso dizer que nos rapazes existe, normalmente, muito mais curiosidade pelo seu próprio sexo do que nas moças. É esta curiosidade que os leva muitas vezes a

VII. AMIZADE E AMOR

procurar informação com outros rapazes da mesma idade ou mais velhos, em determinadas publicações, ou ainda a buscar satisfação em descrições grosseiras do sexo, como nas revistas pornográficas. Isso — convém deixar bem claro — não é uma *característica* da idade, mas um *risco*. Outros riscos — especialmente quando não houve uma educação sexual com bom critério na família — são o autoerotismo e as atitudes próximas ao homossexualismo.

Não costuma ser fácil, nesta fase, que o jovem entenda a finalidade ou o sentido do instinto sexual dentro da pessoa. Às vezes, surge o problema de como harmonizar as inclinações instintivas com os princípios morais e os bons costumes que existem na família e fora dela. Podem dar-se, por isso, sentimentos de culpa injustificados. Isso é consequência, entre outras coisas, da falta de uma educação sexual adequada por parte dos pais nas idades anteriores.

Nos setores permissivos da sociedade atual, é comum que ocorra o fenômeno oposto: adolescentes que veem a sexualidade como um impulso a que devem "dar livre curso" sem nenhuma restrição ou regra. É provável que lhes tenham dito que sujeitar o instinto à conduta racional, ao entendimento e à vontade, é uma repressão que diminui a liberdade do homem e lhe cria traumas; e não lhes disseram, em contrapartida, que o sexo como fim em si mesmo é a manifestação mais clara de animalidade.

O despertar da sexualidade costuma ser menos problemático entre as meninas. Relacionam-no mais com o nascimento da feminilidade do que com a procriação. Agrada-lhes muito a beleza física que estão adquirindo, podendo chegar a tornar-se vaidosas ou sedutoras. A puberdade é para elas uma época de narcisismo ou amor exagerado pelo próprio corpo, mas, juntamente com o desejo genérico de agradar, há nelas — a menos que se deixem levar pelo ambiente geral dos nossos dias — um pudor natural que as leva a preservar o próprio corpo e os seus sentimentos do olhar e da curiosidade alheia.

Para as meninas, até os dezessete anos, o sexo é uma questão secundária. O importante é o outro elemento do amor: a ternura. "Normalmente, a ternura desenvolve-se antes do desejo sexual, que na mulher aparece muito tarde. As adolescentes atravessam sempre a etapa das «ternuras vãs», descritas por Mendousse, antes de chegarem à «idade da graça», por volta dos dezoito anos; em suma, o seu desenvolvimento afetivo é mais precoce do que o dos rapazes, ao mesmo tempo que é diferente"[4].

2. Amor platônico e amores impossíveis

O predomínio da ternura sobre o instinto dá-se também nos rapazes ao longo da puberdade, embora a intensidade seja menor do que nas moças. Isto explica a existência do chamado "amor platônico".

Os adolescentes de ambos os sexos sonham com o amor e amam o amor muito antes de conhecê-lo. Idealizam e misturam amizade e amor. O amor é simpatia afetiva e desejo de identificar-se com a pessoa que admiram, cujas qualidades são, em boa parte, fruto da imaginação.

Como costuma manifestar-se esse amor idealizado nos homens? Comprovou-se que muitos adolescentes "sentem

---

(4) *Ibidem,* p. 89.

VII. AMIZADE E AMOR

uma atração viva e puramente sentimental por uma mulher ou por uma garota. Os sentimentos integrados nesta atração são a admiração fervorosa, a abnegação altruísta, a necessidade de proteger ou de ser protegido[...]. O aspecto sexual não está totalmente ausente, mas limita-se a muito pouca coisa. O sonhar acordado desempenha um papel importante nesse amor-ternura, que deriva para um culto à mulher"[5].

Há uma clara diferença entre o amor platônico dos meninos e das meninas. Vemos, em primeiro lugar, que os primeiros têm "amores reais", mesmo que estejam exagerados artificialmente pela fantasia. Quero dizer que a pessoa amada tem sempre uma realidade objetiva e que essa realidade previamente conhecida é a que se ama: a pessoa é amada de forma calada e oculta, para ela mesma e para os outros. Normalmente, costuma ser uma garota da mesma idade ou de uma idade próxima.

Para as moças, ao contrário, não é preciso que a pessoa amada tenha realidade objetiva. "A tendência a idealizar o amor é mais marcante na adolescente do que no adolescente; ela se satisfará com amores imaginários durante mais tempo do que ele, ou pelo menos com amores pouco reais, pois os seres pelos quais se apaixona contam menos que os sentimentos que lhe inspiram; estes sentimentos são o verdadeiro butim em que se deleitam o coração e a imaginação da adolescente"[6].

As meninas apaixonam-se com facilidade por um professor jovem e elegante, pelo amigo de um irmão mais

---

(5) *Ibidem*, p. 84.

(6) B. Reymond-Rivier, *El desarrollo social del niño y del adolescente*, p. 209.

velho, por um artista de cinema etc. Experimentam forte atração por homens que têm êxito social ou são populares. É provável até que consigam uma foto deles e a coloquem num livro ou no quarto.

São caprichos, apegos afetivos ou paixões passageiras: "A menina tem uma aptidão mais acentuada que o rapaz para sentir o amor uma e outra vez. O ser a quem pensa amar tão intensamente é logo abandonado, substituído por outro que será objeto de uma paixão igualmente ardente. As adolescentes passam felizes de chama em chama, pensando em cada caso que esse é o grande amor, e de maneira nenhuma desanimam com decepções sucessivas"[7].

Qual a explicação para essa admiração romântica das adolescentes pelos homens adultos? Uma resposta possível é que as meninas têm necessidade de admirar valores para poderem amar; outra, que se sentem mais seguras com um amor que sabem que é irrealizável ou impossível.

Às vezes, o motivo pelo qual esvoaçam de uma pessoa para outra é o medo de "queimarem as asas": logo que percebem que o objeto da sua paixão pode corresponder aos seus desejos, levantam voo e escapam. Na puberdade, escolhem normalmente um homem com quem não pode acontecer nada: "Nessas idades, precisa-se de um amor sem porvir. Se o tivesse, seria inquietante. Agitar-se ao redor do ídolo, num alarde de fanatismo multitudinário, é muito mais tranquilizador que um encontro cara a cara"[8].

---

(7) *Ibidem,* p. 210.

(8) J. Favez-Boutonier, *La vida sentimental del adolescente,* em *Diálogo Familia--Colegio,* n. 45, p. 5.

VII. AMIZADE E AMOR

De uma maneira muito menos frequente, as moças fazem de um rapaz jovem o objeto do seu amor idealizado. Mas, nesses casos, o escolhido não costuma estar em situação de materializar os sonhos da sua admiradora. Desse modo, ela não terá com que se preocupar.

As adolescentes também são capazes de contar às amigas, com todo o tipo de detalhe, histórias amorosas que existiram unicamente na sua imaginação. A necessidade que têm de que essas histórias sejam verdadeiras leva-as, às vezes, a escrever cartas de amor a si próprias, que mostram depois a alguma amiga.

Os rapazes, pelo contrário, não têm essa tendência para os amores platônicos com pessoas adultas. Por outro lado, as suas paixões não são tão passageiras nem tão românticas. Existe neles menos sentimentalismo e menos medo de que o amor se concretize.

O amor platônico ou admiração romântica é uma atração espiritual independente do instinto, que constitui a primeira busca do *eros* rumo a um tu singular do outro sexo. É ainda uma união muito fraca, uma vez que está centrada apenas nas qualidades exteriores da pessoa amada. Isto explica também por que não dura e por que não gera perturbações nem transtornos quando acaba.

Numa palavra, o amor platônico é a espera ou o prelúdio do amor. De um amor que começará a concretizar-se quando terminar a fase turbulenta da puberdade. Antes desse momento, só existe o culto à beleza física e espiritual da pessoa que se admira.

3. A relação nos grupos mistos: amizade e flerte

Superada a fase da puberdade ou adolescência inicial, começa a da adolescência tardia. Ao longo desta etapa, continua a estar presente a dissociação entre o instinto sexual e a ternura, mas de forma decrescente. O primeiro desenvolve-se muito fortemente e passa do despertar interior da sexualidade, típico da puberdade, à sua exteriorização. Torna-se mais forte e começa a buscar o seu objeto no sexo oposto. Dirige-se inicialmente a várias pessoas e, posteriormente, a uma só.

O adolescente parte de uma atitude narcisista: "A necessidade de amar concentra-se de maneira muito notável sobre o próprio sujeito, que procura estudar-se, analisar-se, olhar-se e querer-se. Rapazes e moças dobram-se sobre si mesmos, deleitando-se na sua pessoa, encontrando nela um objeto de interesse crescente"[9].

Mas esta necessidade de amar não se satisfaz plenamente com a própria pessoa. Surge logo um interesse direto entre os adolescentes dos dois sexos, que se buscam e acabam por encontrar-se. O novo traço é a atração física mútua, mas ao lado dela permanecem ainda o sentimentalismo e o idealismo que tinham na puberdade.

Normalmente, os rapazes começam a sentir atração por pessoas do outro sexo a partir dos catorze anos. Até os dezesseis, não costumam sair a sós com uma menina.

---

(9) G. Cruchon, *Psicología pedagógica,* vol. II, Razón y Fe, Madri, 1971, p. 198.

VII. AMIZADE E AMOR 169

As moças sentem-se atraídas pelos rapazes a partir dos doze e começam a sair com um deles a partir dos catorze[10].

Ao longo desta etapa, observa-se que as aproximações e contatos físicos são muito mais importantes para os rapazes do que para as moças. Nestas últimas, conta mais o elemento afetivo da relação homem-mulher do que a atração corporal e as manifestações externas de carinho.

A evolução é muito diferente nos rapazes e nas moças. Aqueles "não poderão ignorar por muito tempo o caráter erótico das suas imaginações amorosas, por mais idealizadas que sejam. Os sonhos do adolescente tomarão rapidamente um rumo bem mais realista, ao passo que a adolescente continuará com os seus, ignorando a sexualidade que lhes dá colorido. Nela, a tomada de consciência efetua-se mais tarde, já que a excitação sexual permanece difusa por mais tempo, sem localização precisa nos órgãos genitais"[11].

Como nas meninas a ternura se desenvolve antes do prazer dos sentidos, para elas continuam a ter mais peso as imaginações sentimentais e românticas. Inicialmente, evitam a tendência dos rapazes para o lado sexual, não apenas por causa das diferenças entre masculinidade e feminilidade, mas também por terem um grau de maturidade mais elevado. Estão mais perto que os garotos da harmônica integração entre o instinto e a ternura. Essa integração é, como já vimos, uma das principais metas para a qual se direciona a evolução do amor.

Para as moças adolescentes, os rapazes da sua idade são umas "crianças". Não lhes despertam nenhum

---

(10) Cf. *Ibidem*, p. 214.

(11) B. Reymond-Rivier, *El desarollo social del niño y del adolescente*, p. 207.

interesse e elas preferem os rapazes de dezesseis anos ou mais. Inicialmente, essa rejeição desorienta os garotos, que não terão outro remédio senão relacionar-se com meninas menores de treze anos, que ainda se encontram na puberdade, mas começam já a sentir-se lisonjeadas pelo interesse dos meninos.

No começo desta etapa, não é frequente que rapazes e moças estabeleçam uma relação individual, a sós. O normal é que os primeiros contatos se estabeleçam em grupo. Primeiro o grupo de rapazes costuma aproximar-se do grupo de moças, ainda sem uma interação entre os respectivos membros. Há apenas um contato superficial, tangencial, entre os dois grupos, que continuam a manter a sua independência e a sua distância.

Num segundo momento surge a interação heterossexual, iniciada pelos componentes de mais prestígio de cada um dos dois grupos. Nasce assim o grupo misto. A pertença ao grupo misto ou heterossexual não substitui, no entanto, a pertença à turma de amigos do mesmo sexo. Ambos os grupos se mantêm lado a lado.

Num terceiro momento, o grupo misto inicial divide--se em grupos menores, de acordo com as afinidades pessoais. Nesses grupinhos há muito relacionamento pessoal, num clima de confiança e intimidade.

A última fase do processo é a desintegração do grupo misto e a formação de pares, que podem ser de amigos ou de namorados, ou uma mistura de ambas as coisas.

Que tipo de convivência existe, normalmente, entre os rapazes e as moças adolescentes dentro dos grupos mistos? A relação que os une é, pelo menos em princípio, de *amizade*. Reúnem-se para fazer a mesma coisa que faziam

VII. AMIZADE E AMOR 171

na turma: conversar, divertir-se, traçar projetos comuns etc. É verdade que, em alguns membros da turma heterossexual, a amizade acabará por dar lugar ao amor e que, com o tempo, os pares de namorados acabarão por afastar-se do grupo. Isto não significa, porém, que as relações no grupo misto sejam relações amorosas, nem que desemboquem necessariamente no amor.

A amizade, no grupo misto de adolescentes, cumpre uma função necessária para o conhecimento e compreensão mútua entre pessoas de sexo diferente. Por outro lado, o contraste e complementação entre o caráter masculino e o feminino enriquece a personalidade tanto dos rapazes como das moças. Esse tipo de amizade proporciona, além disso, experiência e informação útil para a posterior relação de amor.

Nem todos os pais sabem que o grupo de rapazes e moças adolescentes é, na sua origem, um grupo de amigos. Outros pais ignoram as possibilidades educativas do grupo. É por isso que há tantas desconfianças e receios[12].

A aproximação e a comunicação inicial com pessoas do outro sexo não costuma ser fácil na adolescência. A timidez

---

(12) Sem dar lugar a receios infundados, convém que haja uma adequada supervisão desses grupos. Concretamente, é bom procurar que se reúnam com a frequência possível na casa dos pais dos seus integrantes, e não na rua, como é tão comum nos dias de hoje; e que os pais tenham conversas orientadoras com os seus filhos quanto aos programas que convém fazer e aos que não (festas com bebidas alcoólicas, filmes inconvenientes, excursões mistas etc.) e aos limites que é preciso ter em conta (horários etc.). Apesar de muitos se queixarem de que os filhos adolescentes são "impossíveis", nenhuma dessas medidas é muito difícil se *antes* foram encorajados a levar os seus amigos a casa, se ganharam o hábito de conversar abertamente com os pais sobre todo o tipo de temas, e se os pais procuram conhecer os outros membros dessas turmas e os respectivos pais. (N. E.)

172 GERARDO CASTILLO

e o medo de um possível compromisso são um fator condicionante: nesta fase, "fazem-se apenas experiências sem compromisso, comparáveis à do rapaz que toca a campainha de uma porta qualquer e sai correndo «só para ver como funciona». Uma vez desencadeada a reação, o adolescente afasta-se, não a enfrenta, pois ainda «não é com ele»"[13].

Esses contatos iniciais ocorrem em situações não programadas: durante um passeio, na piscina etc. A principal atividade é a conversa, que ainda se faz de forma grupal. A falta de experiência faz com que os adolescentes de ambos os sexos atuem pelo procedimento de "tentativa e erro". Há um aprendizado por apalpadelas. É um *jogo de aproximação* no qual se experimentam algumas formas de comportamento adulto.

As atividades comuns do grupo misto vão-se ampliando pouco a pouco: festas de aniversário ou por ocasião de algum acontecimento especial, bailes na discoteca, jantares em algum restaurante ou bar, idas ao cinema, saídas ao campo, excursões etc. As festas costumam ter um papel especial nessa aproximação entre os adolescentes de ambos os sexos. É um veículo de comunicação através do olhar, dos gestos, dos movimentos coordenados da dança, da música compartilhada, da conversa etc. Pode ser um fator de amadurecimento sexual, especialmente para os rapazes, que precisam aprender a dominar os seus impulsos.

Mas, naturalmente, essas possibilidades estão em função do tipo de festas e do ambiente em que se desenvolvem. Há festas decentes e festas indecentes. Nestas, o fim

---

(13) F. Secadas e outros, *Psicología evolutiva,* Unidad didactica, n. 6, UNED, 1974, p. 26.

VII. AMIZADE E AMOR

não é o relacionamento e a comunicação, mas o prazer derivado do contato físico.

Ao longo dos diferentes jogos de aproximação, das experiências vacilantes de relacionamento entre rapazes e moças adolescentes, vão-se exteriorizando comportamentos típicos da masculinidade e da feminilidade.

Os rapazes começam a cuidar muito do seu aspecto exterior para impressionar as moças. Em pouco tempo, passam de desalinhados a vaidosos. Permanecem horas diante do espelho penteando-se com esmero ou buscando a "pose" que melhor realce os seus atrativos físicos. Usam todos os meios ao seu alcance para chamar a atenção das meninas, chegando às vezes a um exibicionismo de pavão.

Alguns rapazes da turma mista precisam afirmar a sua masculinidade e expressá-la exteriormente. Enquanto as moças continuam com as suas fantasias sentimentais, "a sexualidade mais ativa e consciente do jovem devolve-o, pelo contrário, a esta terra. Não pode contentar-se muito tempo com amores irreais; dirige-se ativamente à companheira do outro sexo, corteja-a — um cortejo muito desajeitado a princípio —, trata de conquistá-la"[14]. É chegado o momento do *galanteio.*

As meninas respondem com a sedução, muito mais inocente do que a das idades posteriores, embora no ambiente permissivo de hoje já não seja raro encontrar meninas que adotam precocemente a sedução frívola da mulher adulta. Adotam uma atitude ambígua e complexa que perturba e estimula os rapazes; primeiro, insinuam-se; depois, param

---

(14) B. Reymond-Rivier, *El desarrollo del niño y del adolescente,* p. 208.

ou retrocedem. Aparentemente, deixam a iniciativa aos rapazes, mas na realidade são elas que dirigem o jogo: "Se o rapaz deseja conquistar, a adolescente não deseja ser conquistada. Mas essa passividade não deixa de ser superficial e, por vezes, aquele que pensava conquistar é conquistado. O vencedor descobre-se atado à carruagem da beldade... ao lado de muitos outros"[15].

Esse "jogo" do galanteio e da coquetice costuma concretizar-se nesta fase no conhecido fenômeno do "flerte" ou namorico, típico dessa idade. Trata-se de uma relação superficial e passageira, que se estabelece com intenção de prova. A mudança periódica de par serve para somar experiências que serão muito úteis num namoro posterior, mais consistente e duradouro.

A atração mútua própria do flerte está centrada — ao menos inicialmente — na beleza física: "Costuma-se dizer que o rapaz ou a moça está seduzido. Fascinado pelo aspecto externo, não enxerga os defeitos de caráter da outra pessoa e por isso é frequente que, cedo ou tarde, sofra uma decepção. Como esse tipo de desenganos não afeta a pessoa no mais profundo do seu ser, normalmente não é difícil de esquecer, e o *eros* torna-se livre novamente para dirigir-se a outro objeto. O jovem pode «apaixonar-se» com frequência"[16].

Nesta fase, o outro não é ainda um ser com quem é interessante relacionar-se e a quem vale a pena conhecer. Há muito pouco intercâmbio de vivências íntimas. O outro é fundamentalmente um objeto que se deseja,

---

(15) F. Goust, *Encuentro con el amor,* em *Diálogo Familia-Colégio,* n. 45, p. 22.

(16) M. Remplein, *Tratado de psicología evolutiva,* p. 560.

algo que se quer possuir como se fosse uma propriedade particular. Não é visto como pessoa. Essa falta de relação interpessoal é o que impede de considerar o flerte como uma forma de amor.

4. O nascimento da amizade íntima e do primeiro amor

Quando a adolescência desemboca na chamada "idade juvenil", a partir dos dezesseis anos para as moças e dos dezoito para os rapazes, o relacionamento entre os jovens dos dois sexos costuma fazer-se aos pares. A convivência no grupo misto e no grupo homogêneo não desaparece necessariamente, mas passa para um segundo plano.

As relações nesses pares podem ser de amizade íntima ou de amor (namoro). Em alguns casos, os dois tipos de relação podem coexistir perfeitamente, cada um dirigido a uma pessoa diferente.

Que fatores tornam possível essa evolução? Um deles, sem dúvida, são as experiências de amizade e de galanteio vividas nos grupos mistos da adolescência. Graças a essas experiências descobre-se a *pessoa,* descoberta que é a condição básica para que possam nascer tanto a amizade como o amor.

Com efeito, na idade juvenil, "o par interessa-se mais pela pessoa do outro do que pelo tipo físico e qualidades externas, aprofundando o encontro e conhecimento mútuo no plano espiritual, por meio da escolha de ideais comuns, da igualdade de desejos quanto ao lar e dos projetos para a vida"[17]. O rapaz e a moça buscam um no outro uma complementação pessoal. Aspiram à compenetração profunda e não simplesmente a uma relação superficial e passageira.

Esta aspiração é especialmente intensa na relação de amor: "Quando o *eros* se dirige para a «beleza espiritualizada» da outra pessoa, chega-se ao *primeiro amor*. Este, ao contrário das meras «paixonites», não se detém na aparência da outra pessoa, mas avança para o íntimo, dirigindo-se ao outro por causa dos seus valores e das suas possibilidades de valor"[18]. Os jovens passam a ter um forte interesse pelos valores encarnados na pessoa que amam e que é preferida e amada precisamente por ter esses valores.

Um fator com influência decisiva no nascimento do primeiro amor é o início da fusão entre *eros* e *sexus*. Esses dois componentes do amor até então encontravam-se separados. A sua união progressiva significa um avanço para a maturidade sexual. A partir desse momento, começam a perder sentido o amor sem sexo e o sexo sem amor[19].

Quanto à amizade íntima entre rapazes e moças, há fortes divergências entre os diversos autores acerca da sua viabilidade. Não me refiro à amizade dentro do grupo

---

(17) G. Cruchon, *Psicología pedagógica*, p. 323.

(18) M. Remplein, *Tratado de psicología evolutiva*, p. 560.

(19) É precisamente esse amadurecimento do amor e da sexualidade que é adiado ou até tornado impossível pela "genitalização" ou sexualização precoce das relações entre rapazes e moças. Ao invés de contribuir para a formação da personalidade, a sociedade permissiva tende a fixar as pessoas num estágio adolescente. Convém que os pais saibam explicar com clareza este tema aos filhos, sem fechar os olhos ao problema ou, pior ainda, contribuir para com a sexualização irresponsável que a TV, as revistas e outros meios de comunicação, bem como certos professores promovem. (N. E.)

VII. AMIZADE E AMOR

misto próprio da adolescência tardia, de cuja existência não há nenhuma dúvida, mas à amizade como relação pessoal, baseada no intercâmbio de intimidade e no mútuo compromisso pessoal.

Para esclarecer esta questão, formulemos o problema em primeiro lugar para a idade adulta: é possível a amizade entre um homem e uma mulher?

Penso que a pergunta abrange dois aspectos: em primeiro lugar, se entre um homem e uma mulher pode surgir uma amizade autêntica; e, em segundo lugar, se uma amizade completa ou incompleta entre duas pessoas de sexo diferente pode durar sem se transformar em outra coisa ao longo do tempo — num namoro orientado para o casamento, em alguns casos, ou num simples relacionamento sexual ou sexo sem amor, em outros. Na convivência estreita entre um homem e uma mulher pode persistir a diferença que, ao menos teoricamente, existe entre amizade e amor?

Responder a estas perguntas significa considerar o amor como possível condicionante para a amizade entre um homem e uma mulher. É importante esclarecer aqui que a resposta a esta questão não pode ser a mesma em duas situações claramente diferentes: a relação entre os esposos, em que é necessário que ao amor se acrescente a amizade; e a relação de um homem e uma mulher antes do casamento ou fora do casamento.

Uma limitação que se mencionou para a amizade entre um homem e uma mulher que não são casados nem namoram é que não permite chegar "à total compenetração do pensamento", própria da amizade entre pessoas do mesmo sexo: "Por mais que use da melhor boa-fé nas suas declarações e confidências, o homem não chega a um íntimo e completo entendimento da mulher, e vice-versa. São dois mundos de psicologia diferente e que falam linguagens diferentes. O entendimento completo que frutifica entre eles nasce pela via do amor, muito para além dos movimentos racionais"[20].

Acontece, além disso, que no relacionamento íntimo entre um homem e uma mulher não é possível prescindir das naturais reações do instinto sexual. Embora daí não surja necessariamente uma paixão erótica, são muito frequentes os casos em que a amizade entre pessoas de sexo diferente acaba em namoro ou relacionamento sexual.

Em resumo: a amizade entre o homem e a mulher seria sempre incompleta em si mesma e teria, além disso, sérias dificuldades para não ser absorvida pelo amor ou pelo sexo sem amor. Seria uma relação possível, mas improvável, segundo muitos autores.

Outros, no entanto, sem deixarem de admitir as dificuldades práticas que mencionamos, não consideram esse tipo de amizade como secundária ou incompleta: "Contra a opinião dominante, a amizade entre sexos diferentes é para mim a mais importante e precisamente aquela em que os caracteres essenciais da amizade podem ocorrer com mais plenitude; isto é, a amizade entre homem e mulher é o cume da amizade. Sempre pensei que os nossos melhores amigos são as nossas amigas, e vice-versa; se há alguém capaz de compreender de perto outra vida humana e dar-lhe efetiva companhia, é uma pessoa do outro sexo"[21].

---

(20) Andrés Vázquez de Prada, *Estudio sobre la amistad*, p. 187.

(21) Julián Marías, *La mujer en el siglo XX*, Alianza Editorial, Madri, 1982, p. 209.

VII. AMIZADE E AMOR

Esta possibilidade de amizade intersexual, continua Julián Marías, baseia-se na atração recíproca ou no mútuo interesse entre os dois sexos, sempre que não se confunda a condição sexuada da pessoa (masculina ou feminina) com o mero interesse ou atração sexual. Esta última distinção, porém, não é fácil nem frequente.

Conforme aponta o mesmo autor, o problema está, por um lado, em que esse interesse mútuo entre um homem e uma mulher costuma ser muito vivo; e, por outro, em que a amizade exige, antes de mais nada, o respeito à intimidade do amigo.

O respeito é mais fácil entre amigos do mesmo sexo do que entre homem e mulher. No caso dos amigos do mesmo sexo, a atenção está fixada no projeto comum, ao passo que na amizade entre homem e mulher está polarizada na pessoa do outro. "A amizade pressupõe sempre um freio, uma reserva: é o contato entre duas esferas independentes, de maneira que cada uma fica em si mesma, sem invadir o outro. No caso da amizade intersexual, isso exige condições adequadas e certos dotes pessoais, sem os quais não é possível, degenera — isto é, muda de gênero —, converte-se em outra coisa"[22].

Depois de contrastar as duas posições, a minha opinião é de que pode existir uma amizade autêntica entre homem e mulher, embora apenas raramente, e que essa amizade dificilmente se mantém separada da atração entre os sexos.

Aplicada esta conclusão às etapas adolescente e juvenil, vemos que os obstáculos a essa relação são muito maiores do que na fase adulta.

---

(22) *Ibidem,* pp. 211 e 212.

O despertar sexual faz que seja muito difícil ter uma amizade em estado puro: "O inchaço vital da sexualidade durante a idade juvenil transforma a erotização do vínculo amistoso heterossexual em uma realidade inexorável, ao menos enquanto durar essa fase. Entre jovens de sexos diferentes — pensando bem, também entre os não jovens —, a chamada amizade 'pura' ou 'platônica' não passa de um *pium desiderium* ou de uma utopia"[23].

Outro obstáculo é que a amizade verdadeira exige uma intimidade profunda entre os dois amigos. Mas é muito difícil que entre adolescentes de sexos diferentes se possa chegar a um grau elevado de intimidade sem que nasça o amor. Isso ocorre porque "a exaltação conjunta da imaginação e o insuficiente domínio de si ameaçam ou comprometem a espiritualidade do afeto"[24].

Qual a opinião dos próprios adolescentes e jovens sobre esta questão?

Em resposta, citarei alguns dados de uma pesquisa. A pergunta era: "É possível a verdadeira amizade, sem o matiz amoroso, entre um rapaz e uma moça?" Quando foi formulada a adolescentes menores de dezoito anos de ambos os sexos, 75% responderam que sim. Mas a resposta foi muito diferente com jovens de mais idade: os que tinham entre entre dezoito e vinte anos responderam afirmativamente em 56% dos casos, e essa porcentagem aumentou para 59% com jovens de vinte a 21 anos. Os resultados indicam que, à medida que os adolescentes adquirem experiência e maturidade, tornam-se mais conscientes de como

---

(23) P. Laín Entralgo, *Sobre la amistad*, p. 228.

(24) Allaer e Carnais, *La adolescencia*, p. 212.

VII. AMIZADE E AMOR   181

é difícil que uma amizade homem-mulher não se veja afetada pela mútua atração entre os sexos.

5. O problema dos namoros prematuros e das relações pré-matrimoniais

O fato, bastante frequente, de que a amizade íntima entre dois jovens de sexo diferente logo resulte em namoro não representa um problema sério em certos casos, mas em outros, sim. Não é preocupante (ao menos em princípio) que a partir de certa idade e de certo nível de maturidade pessoal a amizade de repente se torne namoro. Mas há um problema significativo quando não se dão essas duas condições — idade e maturidade: neste caso, estamos diante de um *namoro prematuro*.

Um namoro é prematuro quando os jovens não sabem situar a atração física dentro da dimensão total da pessoa, isto é, quando não são capazes de sujeitar o instinto às exigências de um amor que compromete todo o ser, corpo e alma. Nesta situação de imaturidade, existe um forte risco de chegarem às mal chamadas "relações pré--matrimoniais", isto é, à relação carnal entre os namorados. Não pretendo afirmar, porém, que o namoro prematuro seja a única nem a principal causa dessa anomalia.

É difícil estabelecer uma idade a partir da qual o namoro já não é prematuro. Dois jovens com a mesma idade podem ter graus diversos de maturidade quanto à amizade e ao amor. De qualquer maneira, pode-se dizer, a título de orientação geral, que são prematuros os namoros antes da idade juvenil, isto é, durante a fase adolescente.

Concretizando um pouco mais, sou da opinião de que não se deveria iniciar um namoro sério antes dos dezoito anos, nas moças, e dos dezenove, nos rapazes.

Não se chega a um namoro prematuro apenas por meio de uma amizade íntima que desemboca inesperadamente no amor. Isso pode ser também consequência de um desses "namoricos" tão comuns na adolescência média a que já aludimos.

O namoro prematuro é a pretensão de amar antes do tempo. É buscar satisfação para o desejo sexual quando o *eros,* o amor espiritual, ainda não se desenvolveu, e falta a harmônica fusão entre os dois elementos do amor. Essas experiências precipitadas não desenvolvem a capacidade de amar, não constituem uma preparação para o verdadeiro amor; antes, pelo contrário, atrasam ainda mais o seu amadurecimento: "O desenvolvimento prematuro da sexualidade impede o desenvolvimento do *eros.* É como uma árvore em que as raízes se desenvolvessem demasiado e absorvessem toda a seiva, impedindo o crescimento da copa. Nesses casos, a aspiração pelos valores, a força idealizadora da alma, a nostalgia do que há de mais nobre e alto, tudo fica sufocado na sua própria origem. O desenvolvimento psicoespiritual atrofia-se"[25].

Essas aproximações prematuras entre adolescentes de sexo diferente algumas vezes são "brincar de amor", outras, "brincar com o amor". Nessas idades, sobra instintividade e falta vontade para governar os próprios impulsos. Por isso, o "primeiro amor" não costuma ser autêntico nem verdadeiro, antes expressa frequentemente um egoísmo

---

(25) M. Remplein, *Tratado de psicología evolutiva,* p. 531.

VII. AMIZADE E AMOR

dissimulado, na medida em que se quer o outro apenas pelas satisfações que proporciona.

Já que, atualmente, um homem não tem o seu futuro assegurado antes dos 25 anos (e, às vezes, nem mesmo aos trinta), um namoro que começa na adolescência está "condenado", em princípio, a ser excessivamente longo. Nessas condições, costuma perder o entusiasmo e o vigor inicial. Além disso, apresentam-se situações moralmente muito perigosas pela frequência com que os namorados se expõem a situações amorosas. Se não estiverem em condições de casar-se num prazo relativamente curto ou, pelo menos, razoável, o namoro tende a converter-se numa espécie de beco sem saída que prejudica o equilíbrio dos dois jovens.

A perda crescente do entusiasmo explica por que os amores prematuros só raramente conduzem ao casamento. E, mesmo quando desembocam no casamento, os riscos não costumam ser menores. À imaturidade inicial deve-se acrescentar então a falta de conhecimento mútuo entre os jovens e a insuficiente reflexão sobre o seu futuro estado de vida. É significativo que a maioria dos divórcios ocorra precisamente entre casais muito jovens, como fruto de namoros prematuros[26]. O que vem a demonstrar que inúmeros problemas conjugais já estavam em germe no amor imaturo da etapa adolescente ou juvenil.

Adolescentes e jovens devem saber a tempo que "o namoro — entendido como caminho para o matrimônio e não como simples entretenimento — é algo muito belo,

---

(26) Cf. L. Riesgo, *Relaciones entre jóvenes,* em *Diálogo Família-Colégio,* n. 72, p. 13.

184 GERARDO CASTILLO

mas também muito sério [...]. Exige realismo e a disposição de descobrir a verdade por trás das aparências, de adivinhar o que significará viver juntamente com a outra pessoa mais tarde"[27].

É comum que nesses namoros prematuros ocorram "relações pré-matrimoniais", como consequência da mencionada imaturidade dos adolescentes para enfrentar a realidade do amor. Mas esta não é a única causa de um fenômeno que se estende hoje de modo progressivo entre jovens de todos os meios sociais. São muito numerosos, por exemplo, os casais de namorados que recorrem aos médicos à procura de meios para controlar a natalidade[28].

Entre as diversas causas deste grave problema devemos citar, em primeiro lugar, a permissividade de certos pais (muitas vezes ingênua, mas nem por isso menos culpável) quanto aos costumes dos seus filhos. Um exemplo frequente são os acampamentos e excursões de fim de semana ou de férias mistos, em que os adolescentes de ambos os sexos se encontram em situações que predispõem para o contato físico e para a exploração sexual.

Em segundo lugar, é preciso mencionar com destaque a pornografia difundida pelos meios de comunicação. Difundem-se diariamente imagens eróticas de todo tipo, numa sociedade que parece literalmente obcecada pelo sexual. A literatura, o cinema, a televisão, as revistas, o teatro, a música — tudo estimula os adolescentes e os jovens

---

(27) *Pp.,* p. 11.

(28) Cf. L. Riesgo e C. Pablos, *Relaciones prematrimoniales,* em *Diálogo Familia--Colegio,* n. 90, p. 28.

VII. AMIZADE E AMOR

a dar livre curso a tendências que por si só não são nada fáceis de governar na idade em que se encontram.

A sociedade vem, pois, convertendo inúmeros adolescentes em adultos prematuros no aspecto sexual, sem fazer nada por ajudá-los a descobrir o aspecto afetivo e espiritual do amor humano: "Em vez dos ritos tradicionais de encontro entre rapazes e moças, em que surgia toda uma delicada sensibilidade para com o outro [...], hoje apenas encontramos nos adolescentes a impaciência por imitar os adultos, por amar como eles, por ir mais longe, arrastados por uma curiosidade nunca satisfeita, por ir mais rápido, por queimar etapas"[29].

Uma terceira causa do problema das relações pré-matrimoniais é a difusão dos métodos contraceptivos. Para os jovens sem convicções morais e religiosas, o medo da gravidez era o único freio, mas a descoberta da pílula "libertou-os" desse obstáculo. A impunidade que a "pílula" oferece incide seriamente tanto nos rapazes como nas moças, e nestas, concretamente, tem violentado a inclinação menos intensa da psicologia feminina para a dimensão sexual do amor. Hoje em dia, tomam a pílula "a moça que deseja viver o êxtase da experiência sexual; aquela que vê na entrega do seu corpo o meio de conquistar determinado rapaz; aquela que busca a segurança de sentir-se desejada; aquela que acredita na («prova de amor» que lhe pede o jovem com quem pensa casar-se; e, igualmente, aquela que apenas deseja escapar de um cotidiano entediante"[30].

---

(29) F. Goust, *Encuentro con el amor*, p. 23.

(30) L. Riesgo e C. Pablos, *Relaciones prematrimoniales*, p. 29.

GERARDO CASTILLO

Mas a causa mais importante desse problema é a mesma que está por trás da permissividade atual: trata-se das correntes ideológicas que exageraram o papel dos instintos na vida humana, menosprezando simultaneamente a condição racional do homem e a dimensão espiritual da pessoa. Sob esta perspectiva errônea e interesseira, "chegou-se com excessiva rapidez e leviandade à conclusão de que o instinto deve ser «libertado» e de que somente a satisfação é capaz de trazer o equilíbrio e a felicidade. A sexualidade transformou-se num «jogo», e o amor, numa «paixáo»"[31].

À base desta filosofia barata, os adolescentes são manipulados com dois "argumentos" principais:

1. É preciso conhecer-se melhor antes de se casar e, para isso, precisam ganhar "experiência"; e

2. Por que esperar, se existe um verdadeiro amor?

É preciso esclarecer aos adolescentes e aos seus pais que as relações sexuais pré-matrimoniais não trazem nenhum tipo de "experiência conjugal". Essas "experiências" não têm praticamente nada em comum com o que será a futura vida de casados, que não se reduz de forma alguma a "fazer amor". Além disso, o amor físico dentro do casamento é uma expressão do amor conjugal generoso e sacrificado, nem de longe uma mera satisfação egocêntrica do instinto.

Como as circunstâncias e a finalidade de uma situação e da outra são muito diferentes, as experiências sexuais fora do casamento trazem consigo — entre outros —

_____

(31) F. Goust, *Encuentro con el amor,* p. 24.

VII. AMIZADE E AMOR

o perigo de levar os namorados a conclusões falsas. Esse tipo de "experiência" não os ajuda a ganhar conhecimento mútuo; pelo contrário, a obsessão pelas relações sexuais que os domina nessas circunstâncias é um sério obstáculo para descobrirem o outro como pessoa.

Quando há verdadeiro amor e não um simples desejo egoísta de prazer, sabe-se esperar o momento adequado para expressá-lo através da relação sexual. O respeito mútuo durante o namoro prepara a futura vida de casados, já que os esposos são muito mais que um macho e uma fêmea que se entregam fisicamente um ao outro. É esse respeito entre os namorados que os predispõe positivamente para o conhecimento completo e a mútua entrega que virá mais tarde. Aqueles que, pelo contrário, já obtêm antes do casamento o que só deveriam encontrar depois, perderão todo o entusiasmo por chegarem às bodas que, na sua visão deformada, nada de novo lhes podem oferecer.

O namoro perde todo o sentido quando se transforma num grosseiro ensaio da vida conjugal. Deve-se esclarecer aos jovens que "o namoro é um período em que se promete tudo, mas não se dá tudo. É um período em que a promessa de amor amadurece gradativamente. Se alguém dá tudo ou toma tudo num contexto que não é definitivo, busca algo que supera a condição presente, que é a de os namorados se conhecerem e saberem respeitar-se mutuamente. E sofrerá, mais cedo ou mais tarde, as consequências de ter lesado o amor"[32].

Chamar a essas relações sexuais — que deformam completamente a ideia correta do amor e do casamento —

---

(32) L. Riesgo e C. Pablos, *Relaciones prematrimoniales,* p. 32.

"relações pré-matrimoniais" ou "experiência pré-matrimonial" não passa de uma ironia. É mais um exemplo dessa manipulação da linguagem típica das ideologias totalitárias do nosso tempo.

6. Atitudes que os pais devem adotar no tema das relações entre moças e rapazes adolescentes

É muito conveniente o relacionamento entre moças e rapazes ao longo da adolescência. As diversas fases que descrevemos cumprem uma função necessária no desenvolvimento da amizade e na preparação do futuro amor. Por isso, os pais devem evitar preconceitos e atitudes de defesa prévia que dificultem o relacionamento normal entre moças e rapazes nessa fase.

O relacionamento nos grupos mistos fomenta o desenvolvimento da virilidade e da feminilidade e ajuda a conhecer as pessoas do outro sexo. Rapazes e moças aprendem a conviver e adquirem qualidades complementares.

Isso não significa que a missão dos pais se reduza a permitir, sem nenhuma orientação e controle, o relacionamento do seu filho ou da sua filha com adolescentes do outro sexo. Acabamos de ver os riscos desse tipo de convivência. Esses riscos exigem um trabalho preventivo por parte da família e uma orientação dos filhos em cada situação concreta.

O *trabalho preventivo* deve começar muitos anos antes da adolescência, por meio de uma educação sexual progressiva e correta no âmbito familiar. Esta tarefa corresponde aos pais, por serem colaboradores diretos de Deus

VII. AMIZADE E AMOR

na origem da vida e por serem os primeiros e principais educadores. Os próprios filhos esperam que sejam eles quem lhes explique o mistério da vida. É extremamente necessário que os pais não cedam à moda atual que pretende eximi-los dessa responsabilidade com o pretexto de que não estão preparados. Nos casos — poucos — em que lhes possa faltar essa preparação, a atitude sensata e útil consiste em que os seus colaboradores (professores e tutores) os ajudem a adquiri-la, não que pretendam substituí-los.

Uma educação sexual correta não deve limitar-se a informar. É cada vez mais frequente que se ministre às crianças e adolescentes uma informação excessiva para a capacidade de compreensão de cada idade, e que por outro lado falte completamente o enfoque educativo. É preciso situar o biológico no contexto do amor espiritual, como algo que está a serviço da plenitude da pessoa e por isso faz parte dos planos de Deus. Ao mesmo tempo é preciso fortalecer o autodomínio, o respeito pelas pessoas do outro sexo e as virtudes do pudor e da castidade.

A educação sexual é apenas um dos aspectos da educação para o amor. Os filhos aceitam-na e entendem-na melhor quando vivem na família um clima de amor, em que o amor generoso e sacrificado dos esposos é uma referência. Se, ao longo da infância, os filhos receberem essa ajuda para descobrir a função do sexo dentro da realidade integral da pessoa, o risco de padecerem de curiosidades doentias e de sentimentos de culpa injustificados quando chegar a puberdade será muito menor.

A educação progressiva da vontade, por meio da aquisição de todas as virtudes e especialmente, no nosso caso, do pudor e da pureza, será um ponto de apoio muito importante para evitar as manifestações prematuras da sexualidade durante a adolescência.

Durante a etapa do "amor platônico", normalmente não surgem problemas nas relações menina-menino. Os pais, no entanto, deverão estar atentos à sua evolução, já que nunca se podem descartar dois possíveis riscos: o *prolongamento dessa etapa* e a *sedução*.

Quando o amor idealizado se prolonga para além da adolescência, transforma-se numa realidade anômala. É um problema que aparece com mais frequência entre as meninas, uma vez que nelas a imaginação tem um papel mais importante do que nos rapazes: "Muitas delas constroem um amante imaginário, um amante-ídolo, um amante-pretexto, com o qual se alienam numa «mitomania» amorosa que as impede de tomar conhecimento e estabelecer o contato concreto com os rapazes"[33]. Nestes casos, é urgente facilitar um relacionamento com os rapazes, para que não acabem por fugir à realidade do amor.

Há também o risco de que o adulto que é objeto da admiração romântica interprete mal essa atitude ou se aproveite dela. Neste caso, estamos diante do sério problema da sedução de uma menor.

Na etapa das turmas mistas, existe o risco de a amizade grupal transformar-se em amizade íntima, flerte ou namoro prematuro. Nesta fase, deve-se propor aos filhos que continuem a sair em turma com os seus amigos e amigas. Não devem ignorar que a amizade íntima com uma pessoa

---

(33) F. Goust, *Encuentro con el amor,* p. 23.

VII. AMIZADE E AMOR

do outro sexo é, na maioria dos casos, uma "passarela" que conduz ao amor, para o qual não estão preparados.

Se, apesar dos conselhos paternos, algum filho se vincula a uma pessoa do outro sexo, é preciso evitar, na minha opinião, a proibição taxativa de que saiam juntos. A experiência diz que, quando se dramatiza ou se proíbe este tipo de relação, a atração entre os dois adolescentes cresce como um incêndio avivado pelo vento. Pelo contrário, quando não há oposição frontal, o flerte ou o namoro prematuros costumam desaparecer em pouco tempo, como uma fogueira que se apaga por si.

O problema mais difícil surge, como é evidente, quando essa relação prematura permanece apesar da prudência dos pais. Penso que nestes casos a única coisa a fazer é rezar pelo filho, falar amigavelmente com ele e agir por vias indiretas, como a mudança de colégio. Porém, se não houver amizade verdadeira entre os pais e os filhos, os conselhos e advertências serão inúteis e até contraproducentes.

TERCEIRA PARTE

Os pais diante dos "desafios" da amizade

VIII. O risco das "gangues" juvenis

1. O que é uma "gangue"?

A expressão "gangue" é normalmente usada para designar um grupo de adolescentes ou jovens que se comportam de modo anormal, podendo chegar à violência e ao crime. Assim como as "amizades particulares" são mais frequentes e intensas nas moças, as gangues adolescentes ou juvenis são um fenômeno masculino. Há gangues de moças, mas não passam de cerca de três a cinco por cento do total.

A UNESCO dispõe de uma estatística que analisa a composição das gangues por idades: 7% estão integradas por garotos menores de doze anos; 15% por adolescentes de doze a catorze anos; 38% têm membros de catorze a dezesseis anos; e 40% estão compostas por jovens de dezoito anos ou mais[1].

Embora o fenômeno afete de modo predominante os jovens (daí a sua denominação de gangues juvenis), chama a atenção que existam gangues delinquentes já na pré-adolescência. Essa precocidade na conduta criminosa ou antissocial intencional e organizada vem crescendo na sociedade atual, a ponto de surgirem cada vez mais casos na terceira infância ou idade escolar, o que parece estar relacionado com as deficiências que se verificam em alguns ambientes familiares e sociais, como veremos.

Esse tipo de gangues é mais frequente entre as classes sociais de baixa renda e nas zonas periféricas dos grandes centros urbanos, embora o problema não seja exclusivo desses setores. Cada vez há mais rapazes das classes média e alta entre os seus integrantes.

A gangue juvenil delinquente corresponde a um desvio de direção da turma adolescente normal. Vimos acima que os adolescentes têm necessidade de formar grupos e que estes grupos são não apenas inofensivos, mas têm uma autêntica e necessária função educativa. Essa turma adolescente desvia-se de seu rumo normal quando os seus integrantes sofrem de certos problemas de personalidade, fomentados muitas vezes por erros na vida familiar e por estímulos negativos do ambiente atual.

Infelizmente, é cada vez menos válida a afirmação de que as gangues juvenis são um fenômeno excepcional ou

---

(1) Cf. J. M. Quintana Cabanas, *Pedagogía social,* n. 3, UNED, p. 50.

VIII. O RISCO DAS "GANGUES" JUVENIS 195

raro. Hoje em dia, todas as famílias estão expostas (em maior ou menor grau) a que algum dos filhos chegue a fazer parte de uma dessas gangues. Remplein afirma que "entre a forma de vida de uma turma de jovens normal e a que tem caráter criminoso há apenas um passo"[2].

À primeira vista, causa surpresa verificar que a adaptação à vida grupal é muito mais forte nas turmas antissociais do que nas turmas normais de adolescentes. Enquanto o adolescente normal mantém certa distância em sua identificação com o grupo, o adolescente que pertence a uma gangue adapta-se inteiramente a uma vida que exige obediência cega. Não é paradoxal que jovens socialmente inadaptados se adaptem perfeitamente às rígidas normas dos bandos juvenis?

A explicação é bem simples: para o adolescente "normal", a vida dentro do grupo de amigos é somente uma fase transitória da sua evolução, que visa a autonomia pessoal, ao passo que a gangue representa o ponto de chegada para o adolescente que sofre de alguma frustração grave[3].

Inicialmente, a gangue juvenil é um agrupamento espontâneo. Mas logo estrutura-se de forma completa. Surge um líder que comanda e produz-se uma divisão de trabalho de acordo com as capacidades de cada membro: o "cérebro", que proporciona ideias ao líder; o "palhaço", que diverte todo o grupo etc.; e aparecem também os elementos ou sinais que conferem à gangue uma

---

(2) M. Remplein, *Tratado de psicología evolutiva*, p. 457.
(3) Cf. B. Reymond-Rivier, *El desarrollo social del niño y del adolescente*, p. 249.

personalidade própria, como o "quartel general", a "gíria secreta" etc. A gangue juvenil apresenta-se como um grupo muito fechado, com extrema continuidade, organização e disciplina. A solidariedade entre os seus membros é muito maior do que nos agrupamentos "normais", porque isso é fundamental para conseguir "êxito", uma vez que "a força da turma patológica reside na sua extrema unidade: o bando funciona como um só homem"[4].

Outra diferença com relação às turmas normais consiste nos motivos e circunstâncias que favorecem a coesão do grupo. Os membros da turma unem-se e ajudam-se mutuamente para realizar pacificamente atividades normais como acampamentos, excursões etc., e para compartilhar problemas normais, próprios da idade. Os componentes de uma gangue, pelo contrário, agrupam-se porque têm problemas especiais; o grupo passa a ser um refúgio para as frustrações pessoais e nasce com uma finalidade criminosa.

Pode-se dizer, via de regra, que a gangue juvenil é formada por rapazes que se encontram em conflito com os outros, sejam pais, companheiros de estudo ou adultos em geral; mas, por sua vez, o bando inteiro está em conflito permanente com outros grupos ou gangues.

O líder ou cabeça da gangue é uma peça-chave. É graças a ele que se mantém a unidade do grupo e a sua capacidade operativa. Ele "sugere aos membros a realização de atos que, no fundo, desejavam executar, mas a que não se atreviam por medo à sociedade ou às normas morais. Graças ao papel do cabeça, os seus companheiros chegam

---

(4) *Pp.*, p. 256.

VIII. O RISCO DAS "GANGUES" JUVENIS 197

a satisfazer os seus desejos, enganando a voz da sua consciência e a oposição dos adultos"[5].

O líder precisa identificar-se com as insatisfações dos seus companheiros, falar-lhes na linguagem que dele esperam, dar vazão à agressividade que acumularam e tranquilizá-los nos momentos difíceis. Exerce uma autoridade despótica à qual todos se submetem, e assim pode impor-se sem discussão e evitar possíveis rebeldias e dissidências que poriam em perigo a existência do grupo e a consecução dos seus objetivos. A sua autoridade emana tanto do fato de ser um líder natural, como da situação de perigo em que o grupo vive quase continuamente.

O líder da gangue juvenil tem qualidades especiais para a ação, superiores às dos demais membros do grupo. Precisa ser decidido, rápido e enérgico. O seu traço principal é a ousadia: "Vai aonde os outros temem ir. É audaz diante do perigo. Caminha sempre à frente, e os outros sentem-se seguros em sua companhia, com a sua presença"[6].

2. Fatores pessoais que podem levar um adolescente a integrar bandos criminosos

A psicologia do bando juvenil com finalidades criminosas é bem conhecida. Ou, para dizê-lo de outra forma, sabe-se bem qual é o mecanismo psicológico que leva os adolescentes a integrar-se nesse tipo de grupo.

Os membros de uma gangue juvenil costumam ter uma personalidade imatura, especialmente quanto ao aspecto

---

(5) J. M. Quintana Cabanas, *Pedagogía social,* p. 159.
(6) *Ibidem,* p. 159.

emocional. Estão numa situação de "infância afetiva", que se manifesta em autênticas regressões a idades anteriores, como por exemplo o egocentrismo e o capricho. Essa imaturidade emocional favorece a falta de estabilidade e de confiança em si mesmos e é também a causa dos impulsos agressivos e destrutivos.

Esses adolescentes são seres insatisfeitos. Estão descontentes tanto consigo mesmos como com tudo o que os rodeia. A insegurança de que sofrem leva-os a reagir negativamente perante o mundo dos adultos, com uma rebeldia elementar e primária, carente de reflexão e de verdadeiro sentido crítico.

O bando juvenil proporciona-lhes o que estão buscando. Oferece-lhes segurança física e moral. Na gangue, encontram uma organização que os defende de todos os perigos. Muitos sentem-se pela primeira vez aceitos pelos outros e aprendem a confiar em si mesmos, embora por ocasião de atividades reprováveis. O bando vem a ser, assim, a saída para diversas frustrações pessoais: "Identificando-se com o grupo e os seus ideais, os seus membros, que se encontram inferiorizados e inseguros, podem ter a impressão de ser alguém e de pertencer a algo"[7].

A gangue satisfaz também a necessidade que esses adolescentes têm de opor-se por princípio ao modo de vida dos mais velhos. No bando, cultiva-se a desconfiança para com os adultos e surgem muitas oportunidades para se rebelarem de forma concreta contra as normas e valores que aqueles estabeleceram. E essa rebeldia acaba por tornar-se agressiva.

---

(7) *Ibidem*, p. 159.

VIII. O RISCO DAS "GANGUES" JUVENIS 199

Outra função da gangue juvenil é canalizar e justificar a agressividade que cada um dos seus membros experimenta. "Uma pessoa só se acostuma a reprimir a sua agressividade por covardia, por indecisão, por medo à sociedade ou por 'preconceitos' morais. Mas o bando tem a capacidade de eliminar todos estes inconvenientes: a ação agressiva determinada pelo grupo (que possui a sua moral particular) deixa de ser má; cada membro vê-se obrigado a atuar por fidelidade ao grupo e não tem nada que temer, já que este o apoia e acoberta; os sentimentos pessoais de culpa ficam dissolvidos nos ideais do grupo e sublimados por estes"[8].

Muitos desses jovens não cometeriam sozinhos os crimes que se atrevem a praticar em grupo. O "código moral" do bando proporciona uma pseudo-justificativa moral para a conduta incorreta. Esse código, porém, não está composto somente por valores deformados ou adaptados à conveniência do grupo; costuma conter valores morais autênticos, semelhantes aos dos grupos normais de crianças e adolescentes, como por exemplo a lealdade e solidariedade com os companheiros.

Por que, então, esses valores autênticos não servem para neutralizar a conduta agressiva e criminosa do grupo? Porque "não ultrapassam o círculo estreito do bando; fora deste, já não têm vigência. E, na medida em que estreitam os laços no interior do grupo e reforçam a sua unidade, contribuem para isolá-lo ainda mais do mundo

---

(8) J. M. Quintana Cabanas, *Pedagogía social,* p. 159; as aspas da palavra "preconceitos" são minhas; penso que seria mais correto usar a expressão "normas morais".

que o rodeia, o qual perde clareza, tal como se esfumam na noite os acessos a um local violentamente iluminado pelos projetores"[9].

Não se deve ignorar, no entanto, que o "código de honra" da gangue juvenil é muitas vezes o primeiro ideal moral que muitos adolescentes encontram, e que isso os move a superar-se a si mesmos em algum aspecto e a valorizar-se positivamente como pessoas.

Se o bando juvenil satisfaz tantas necessidades pessoais, não nos deve estranhar que exerça um autêntico fascínio sobre os seus membros. A gangue os seduz porque lhes dá uma oportunidade de sentirem-se importantes. O simples fato de fazerem parte dela — o sentimento de "pertença" — é muito gratificante para jovens que emocionalmente são crianças, mas desejam aparecer diante dos outros como homens. Essa força embriagante do bando é o que converte as suas atividades em algo tão perigoso.

Tão preocupante ou mais que a agressividade e a violência das gangues é a substituição que nelas ocorre dos "bons amigos" pelos "maus amigos". É muito grave aceitar uma "amizade" que não se baseia no desejo mútuo do bem, na melhora pessoal do amigo, e, além disso, não ter sequer plena consciência dessa realidade. E é também muito grave substituir a moral objetiva por uma moral subjetiva elaborada pelo próprio grupo, sobretudo se esta é seguida de forma completamente cega.

---

(9) B. Reymond-Rivier, *El desarollo social del niño y del adolescente,* p. 252.

3. Fatores familiares e ambientais que favorecem o fenômeno dos bandos juvenis

Os fatores pessoais que levam os adolescentes a integrar-se num bando com finalidades criminosas são estimulados e reforçados por fatores que procedem do ambiente familiar e social. Todos os adolescentes são inseguros e instáveis, mas nem todos se agrupam em gangues. Só uma minoria busca esse tipo de "solução" para a insatisfação gerada numa personalidade imatura.

A insegurança e o desequilíbrio emocional típicos da adolescência normal desembocam, em certos casos, em perturbações de tipo patológico. A origem desse problema costuma estar na infância: os adolescentes que "precisam" da gangue sofreram carências afetivas e educativas no âmbito familiar ao longo de muitos anos. Essas frustrações, que têm raiz no passado, tornam-nos incapazes de integrar-se num grupo normal.

Esses rapazes foram vítimas de uma vida familiar escassa ou nula. As excessivas horas de trabalho do pai e da mãe ou as más condições da moradia podem ter alimentado o problema. É provável que as discórdias conjugais tenham levado à desintegração da família; ou que os pais não tenham sabido entregar-se aos filhos e criar em casa uma atmosfera de carinho e convivência; ou que se tenham "distraído" na trabalhosa busca de bem-estar material, esquecendo completamente o "bem-ser". E é provável, por fim, que alguns desses pais tenham buscado satisfações pessoais fora da família e não dentro dela — sacrificando a vida de família à busca obsessiva do êxito social, por exemplo.

Essa vida familiar insuficiente costuma ocorrer em maior proporção nas grandes cidades modernas, em que é comum o trabalho da mãe fora do lar. Por outro lado, os longos trajetos típicos dessas cidades privam os pais e os filhos do tempo necessário para a convivência. Deve-se também ter presente o êxodo do campo ou das cidades do interior para as urbes descomunais e desumanas, que corta os vínculos tradicionais das famílias — as relações com a família em sentido amplo, avós, tios, primos e demais parentes, e com os amigos de sempre — sem facilitar o estabelecimento de novas amizades. Na cidade moderna, cada pessoa e cada família são, em princípio, algo anônimo no meio da multidão e da indiferença geral. Muitas vezes, sequer se conhecem os vizinhos ou os demais condôminos. Dificilmente uma dessas famílias — uma ilhota perdida no oceano de cimento — poderá estimular os filhos adolescentes a participar de maneira construtiva na sociedade, se ela mesma não teve condições de integrar-se.

Quando se vive em semelhantes condições não é de surpreender que, nessa etapa resvaladiça que é a adolescência, ocorram desvios como os que vimos comentando. É preciso preocupar-se seriamente com o futuro "desses adolescentes que vivem nos modernos edifícios de concreto das grandes cidades, abandonados a si mesmos por pais muito ocupados ou egoístas, e que da vida familiar só conhecem as refeições apressadas e em silêncio, ou os gritos, as discussões, a discórdia; jovens a quem jamais ninguém mostrou o exemplo do desinteresse, da generosidade, do favor"[10].

---

(10) *Ibidem*, p. 243.

VIII. O RISCO DAS "GANGUES" JUVENIS   203

As crianças e adolescentes que não recebem atenção pessoal e demonstrações de carinho em casa durante anos a fio podem facilmente ficar frustrados nas suas necessidades mais profundas. Corre-se assim o risco, um risco altíssimo, de que esse vazio afetivo seja preenchido pela gangue, que se converterá no único refúgio para os problemas pessoais, o âmbito em que buscarão compensação para as suas carências afetivas e libertação das tensões familiares.

A ausência ou despreocupação dos pais faz, além disso, com que muitos adolescentes tenham tempo de sobra e passem várias horas por dia na rua. Para Reymond-Rivier, a ociosidade é o principal fator na formação das gangues; sustenta esse autor que elas se compõem "menos de inadaptados do que de adolescentes desocupados, que buscam alguma válvula de escape para a sua fúria de viver"[11]. A rua atrai muito nessa idade: os jogos, os videogames, a televisão nos bares etc., e é o lugar onde esses adolescentes ociosos se conhecem e se reúnem. É muito provável que desses encontros surjam gangues juvenis, em vez de grupos normais de autênticos amigos.

Mas as frustrações e o extravio desses jovens não derivam apenas da pouca atenção e afeto que receberam na família. Deve-se também a que praticamente não tiveram oportunidade de observar bons exemplos, isto é, não dispuseram de bons modelos com os quais pudessem identificar-se. Para muitos desses jovens, faltou em casa e fora dela a vivência dos valores morais.

A sociedade em que os adolescentes de hoje vivem é a sociedade do consumo, do conforto e do bem-estar.

---

(11) *Ibidem*, p. 244.

É uma sociedade em que predomina um "novo" conceito de felicidade: a busca egoísta do prazer. Nesse contexto, não interessa o "bem-viver" — uma vida que se rege por normas morais —, mas apenas o "viver bem", isto é, passar bem, "fazer tudo o que se tem vontade". As pessoas passam a descuidar inteiramente o crescimento espiritual, o seu desenvolvimento como pessoas *(ser* mais e melhor), e a ocupar-se unicamente de *ter* mais. Em consequência, o "homem exterior" destrói o homem interior, a conduta meramente instintiva prevalece sobre a conduta racional.

Na adolescência, sempre desperta no jovem a necessidade do ideal. Sem ideais e sem valores não é possível dar sentido à própria vida. Ora, inúmeros adolescentes de hoje não só não recebem o menor auxílio para descobrir e interiorizar esses valores como, além disso, são iludidos e confundidos na sua busca.

Um exemplo patente dessa manipulação é certo tipo de publicidade dirigida aos adolescentes e jovens. Os "comerciantes-psicólogos" exploram a forte necessidade de identificação que se tem nessas idades para vender-lhes um "ideal". Segundo a propaganda, a valentia, a generosidade, a amizade etc. não são possíveis se não se dirige um automóvel esportivo último modelo ou se tem nas mãos um copo de uísque da marca tal. Deste modo, "o que fazem é enganá-los, vendendo-lhes um ideal enlatado e fazendo-os pensar que são eles mesmos quem escolhe os modelos que, na realidade, lhes são impostos"[12].

Que consequência pode nascer de tudo isto? Uma juventude com falsos ideais ou sem ideal algum. Ou também

---

(12) *Ibidem*, p. 222.

VIII. O RISCO DAS "GANGUES" JUVENIS 205

uma rebelião sem causa. A falta de valores seguros e de modelos coerentes aumenta a insegurança dos adolescentes. Alguns sentir-se-ão insatisfeitos e decepcionados ante o triunfo do egoísmo, da injustiça e da mentira a que assistem, e rejeitarão de forma violenta as leis e preceitos da sociedade adulta.

4. Alguns critérios educativos

É bom que os pais conheçam claramente as causas que "empurram" os filhos para os bandos juvenis. A reflexão sobre essas causas ajudará a prevenir o problema.

Em primeiro lugar, devem saber diagnosticar a tempo os possíveis "infantilismos afetivos" que podem manifestar-se no momento em que os filhos se aproximam da puberdade. Eis alguns sintomas frequentes nessas idades: tentar impor aos outros os caprichos pessoais; afundar-se diante da menor contrariedade; descontrolar-se quando se irritam; ter ciúmes de algum irmão que julgam ser o "preferido" dos pais; negar-se a reconhecer o que fazem mal etc.

São defeitos que podem e devem ser corrigidos. Para isso é importante, em primeiro lugar, que o filho saiba que os tem. Levá-lo a reconhecer isso exigirá muitas conversas e fará parte de um objetivo educativo importante: *ajudar os filhos a ganhar conhecimento próprio.*

Mas a simples informação não basta para mudar um mau hábito. É preciso propor a cada filho metas muito concretas, com graus de dificuldade crescente, que lhe permitam obter vitórias sobre esses defeitos, como por exemplo ceder de vez em quando nas discórdias com os irmãos, falar sem gritar quando está irritado, ter algum detalhe de delicadeza com o irmão que se transformou num "rival" etc.

É muito frequente hoje que jovens e até crianças sejam submetidos à "análise" — psicanálise —, com a intenção de fazer com que ganhem "autoconhecimento" e prevenir eventuais problemas de conduta. Em si mesma, a eficácia ou qualidade da análise depende do bom senso e das opiniões do analista, coisa que os pais deveriam averiguar com muito cuidado e critério; um analista imbuído de ideologias errôneas pode produzir efeitos devastadores sobre a personalidade do jovem. Porém, prescindindo deste aspecto da questão, o que se observa é que a imensa maioria dos analisados não têm na realidade nenhum problema de tipo psiquiátrico, que é o que compete propriamente a esse tipo de profissionais, como eles mesmos são os primeiros a reconhecer. Convém, portanto, fazer duas observações.

Em primeiro lugar, os defeitos de caráter, quando não têm origem numa fragilidade absolutamente anormal, são um problema de *ordem moral,* não psíquica; estão radicados na esfera espiritual e livre da pessoa, não nas tendências inconscientes e afetivas, e muito menos nas somáticas ou corporais. Exigem, portanto, que a pessoa seja instruída claramente a respeito do *reto critério moral* e se *esforce pessoalmente* por vivê-lo.

Esta obrigação recai em primeiríssima instância sobre os pais, que por sua vez devem orientar-se pelo reto ensinamento da Igreja. Não é, de forma alguma, uma tarefa que se possa "terceirizar", transferindo-a para a escola

VIII. O RISCO DAS "GANGUES" JUVENIS

(mesmo que se trate de uma escola religiosa) ou, muito menos, para um médico ou psicólogo, que não tem competência neste campo e por vezes também não está pessoalmente capacitado.

Em segundo lugar, nenhuma técnica ou terapia psicológica confere à pessoa que se submete a ela um autoconhecimento ou conhecimento próprio verdadeiro e objetivo, isto é, a capacidade de estimar adequadamente os seus defeitos e qualidades e de julgar se os atos que deles decorrem são bons ou maus. Este juízo sobre a *bondade ou maldade da conduta* compete unicamente à própria pessoa, que para isso deve procurar formar a sua consciência segundo critérios objetivos, buscando esclarecer sinceramente as suas dúvidas com um sacerdote experimentado e fiel ao magistério da Igreja, um amigo católico de comportamento exemplar etc. Considerar um defeito realmente presente na própria personalidade, como o orgulho, a insinceridade, a covardia ou a deslealdade, como mera "disfunção orgânica" ou "afetiva", já seria uma distorção grave do autoconhecimento, que só é objetivo e realista quando se reconhece a natureza espiritual desses defeitos e a gravidade que têm à luz do plano que Deus tem para cada ser humano[13].

---

(13) Seria uma tolice, por exemplo, tentar libertar-se de "sentimentos de culpa" se o que os provoca é uma *culpa verdadeira,* um comportamento moralmente errôneo que se quer abafar ou um pecado cometido no passado. Neste caso, a única conduta eficaz é retificar a conduta e buscar o perdão de Deus, por meio da confissão, e o das pessoas que foram prejudicadas. No entanto, se esses "sentimentos de culpa" se apresentassem habitualmente sem que houvesse para eles uma causa proporcionada, aí sim seria caso de buscar orientação médica. Além da formação propriamente moral, cabe aos pais discernir entre uma situação e outra e, se for o caso, recorrer ao analista; mas nunca transferir para ele o problema. (N. E.)

Os pais devem também estar atentos a possíveis casos de filhos que não se sentem estimados e queridos dentro e fora da família. Esta necessidade já existe na infância, mas intensifica-se muito na puberdade e na adolescência, etapas em que é fundamental ser "importante" por si mesmo e ter êxito em alguma coisa. Para conseguir que crianças e adolescentes estejam contentes consigo mesmos e confiem nas suas possibilidades, é preciso dar-lhes oportunidades de fazer algo de que gostem e que saibam fazer bem. É aconselhável, neste sentido, facilitar-lhes a prática de algum hobby e confiar-lhes alguma tarefa em casa que seja vista por eles como uma prova de confiança, como por exemplo explicar uma matéria a um irmão menor, retribuindo-os com uma pequena compensação econômica.

Os pais deverão averiguar também até que ponto cada um dos seus filhos se sente aceito e estimado pelos professores, companheiros de estudos e amigos. As fontes para obter essa informação são, em primeiro lugar, o próprio filho, mas também os seus professores e orientadores educacionais.

Há adolescentes que pensam que um ou mais professores "os perseguem", ou que os seus companheiros não os apreciam, que não conseguem ter amigos etc. Isso pode levá-los a desenvolver sentimentos de inferioridade e um mal-estar habitual. Cabe aos pais e ao orientador tranquilizar o rapaz diante de suspeitas sem fundamento. O orientador poderá proporcionar-lhe oportunidades para relacionar-se com os seus companheiros e, além disso, preparar favoravelmente estes últimos para conviverem melhor com ele.

VIII. O RISCO DAS "GANGUES" JUVENIS 209

Mas o principal meio para que os filhos ganhem confiança em si mesmos e sejam afetivamente equilibrados é que tenham em casa uma autêntica vida de família. Os pais devem esforçar-se ao máximo para encontrar tempo para os filhos, o que exigirá deles o esforço de evitar fugas como a do trabalho desnecessário e de se organizarem cada vez melhor no seu serviço para poderem dispor de mais tempo em casa.

É extremamente importante que não se preocupem única nem principalmente com o bem-estar material dos filhos, e urgente que se dediquem fundamentalmente à tarefa de educá-los, isto é, de ajudá-los a *melhorar pessoalmente*. Para isso, devem ter metas educativas para cada um em função do seu caráter, *sexo,* idade, lugar que ocupa entre os irmãos, capacidades e limitações que *tem,* comportamento que apresenta dentro e fora de casa etc[14].

A vida de família deve compreender, na medida do possível, o relacionamento com a família em sentido amplo: avós, tios, primos etc. E preciso facilitar aos filhos a convivência com todos os parentes, mesmo que isso

---

(14) São frequentes os pais que, com uma boa vontade muito mal aplicada, querem dar aos filhos todo o tipo de comodidades materiais "para que ele não tenha de passar por tudo aquilo por que nós passamos". Deveriam levar em conta que assim literalmente destroem a sua capacidade para enfrentar as dificuldades e sofrimentos que a vida de qualquer pessoa neste mundo necessariamente traz consigo. Dizia a mãe de um garoto ao monitor de um clube juvenil que este frequentava: "Não consigo entender o Fernandinho. Nós lhe demos tudo o que queria, e agora ele parece querer nos agredir". Com efeito, quando o filho — transformado num requintado egoísta — recebe na adolescência os primeiros choques e atritos com o mundo extrafamiliar, costuma reagir com revolta e agressão contra os pais. É essencial que os pais compreendam que preparam seres humanos para a vida, e que *a única bagagem real que lhes deixarão é o caráter.* (N. E.)

signifique um esforço especial para os pais, como acontece, por exemplo, quando se vive em cidades distintas.

Além disso, aplica-se aqui tudo o que já dissemos sobre a abertura da família às relações sociais e à amizade. As famílias fechadas costumam tornar os filhos incapazes para a convivência. Insisto, portanto, na importância de que os pais tenham amigos e facilitem a vida de amizade dos seus filhos. Se estes chegarem à adolescência sem experiência da amizade, podem facilmente substituir o grupo de amigos pela gangue delinquente.

É fundamental que os filhos não caiam na ociosidade durante o tempo livre e não andem "sem rumo" pela rua. Isso exige dedicação por parte dos pais, já que os filhos folgados e "rueiros" costumam ter pais ausentes de casa. Se houver dedicação aos filhos, os pais poderão combinar com eles um horário e um plano de atividades para os fins de semana e as férias.

Por fim, é preciso que os pais ajudem os filhos pré-adolescentes e adolescentes a descobrir os valores autênticos e a distingui-los dos falsos valores. Muitas vezes, será comentando um programa de televisão ou uma leitura comum; outras, fazendo-os ver a categoria humana de determinada pessoa; mas sempre dando-lhes exemplo pela sua forma de ser e de comportar-se em família, nas relações sociais e no trabalho.

IX. Influência das amizades nos conflitos entre pais e filhos adolescentes

1. Em que consiste o conflito entre pais e filhos adolescentes?

Costuma-se aplicar o termo *conflito* a situações muito diferentes. Há conflitos trabalhistas, culturais, raciais, de gerações etc. De acordo com o dicionário, o conflito é uma "situação ou processo em que os indivíduos ou os grupos se opõem em luta ativa por seus respectivos interesses, chegando até a aniquilar o oponente". O termo tem, portanto, um sentido bélico. Refere-se, além disso, ao momento mais problemático do antagonismo: é "o ponto em que o resultado da luta parece incerto", é "situação de apuro, desagradável e de difícil saída".

Geralmente, os conflitos de gerações trazem consigo uma carga agressiva muito menor do que os conflitos de outro tipo. Mas têm em comum com eles a luta em favor das ideias ou interesses próprios.

Como qualquer tipo de conflito, o de gerações é um processo com três fases. A primeira é a da abertura de hostilidades, que surge quando há divergência no que as duas partes querem. A segunda é a do desenvolvimento do conflito, que se dá quando se tenta impor as posições pessoais à outra parte. E a terceira é a do fim ou término do confronto, sempre difícil, imprevisível e incerto.

A expressão "conflito de gerações" é, evidentemente, mais ampla do que a expressão "conflito entre pais e filhos adolescentes". A primeira diz respeito à luta da geração adulta com a geração jovem, algo assim como uma "luta de classes". Já a segunda restringe ou limita ao âmbito familiar esse conflito entre adultos e jovens.

Convém esclarecer que, neste último caso, o conflito não é criado pela família como tal, isto é, como instituição. *Viver em família não leva a viver em conflito* — pelo contrário. O âmbito familiar é onde melhor se podem resolver e prevenir os conflitos, uma vez que a família é a escola das virtudes da convivência. Quando, apesar disso, ocorrem conflitos entre pais e filhos, não é "por causa" da família, mas *apesar* da família, isto é, apesar das imensas possibilidades que a vida familiar oferece, como a de aprender a querer bem e a de aprender a conviver.

O conflito entre pais e filhos adolescentes não é inevitável nem se dá em todas as famílias. E quando acontece, quase sempre obedece — como veremos a seguir — a que determinados pais aproveitam pouco as possibilidades educativas da família. Em alguns casos, porém, o conflito pode ter a sua origem fora da família, e esta desempenha apenas o papel de caixa de ressonância das tensões criadas pela sociedade.

IX. INFLUÊNCIA DAS AMIZADES NOS CONFLITOS   213

É preciso não confundir também as dificuldades normais de entendimento entre pais e filhos adolescentes, explicáveis pelas diferenças de mentalidade entre uns e outros, com os conflitos de gerações. Não é a mesma coisa uma desavença e uma briga: a primeira costuma ser uma situação sem problemas de fundo, passageira, que não deixa sequelas; a segunda implica a existência de duas posições definidas que se opõem e se mantêm ao longo do tempo, chegando a produzir rupturas definitivas.

Também é preciso distinguir o conflito das *situações conflitivas*. Uma situação de conflito é aquela que leva habitualmente a desavenças e brigas; por exemplo, o uso abusivo do telefone por parte dos filhos adolescentes. Essa situação pode não dar origem, em certos casos, a mais do que umas divergências isoladas e ocasionais entre pais e filhos; noutros, pode manifestar algo mais amplo e profundo: a luta permanente entre dois modos de entender a vida.

2. Principais causas do conflito de gerações na família

O possível conflito de gerações numa família explica-se, em princípio, pela distância que existe entre jovens e adultos. É uma distância tríplice: biológica, psicológica e de gerações. Separa-os não só apenas a idade e o modo de pensar, mas também o fato de pertencerem a épocas históricas distintas. Os adultos fixam-se mais no passado e tendem a "conservar", ao passo que os jovens estão mais interessados no presente e no futuro e tendem a "inovar".

214 GERARDO CASTILLO

Para que rebente um conflito entre pais e filhos é necessário, normalmente, que estejam presentes três tipos de fatores que se realimentem entre si. Em primeiro lugar, determinados traços de imaturidade na personalidade do adolescente; em segundo, algumas atitudes negativas por parte dos pais; e, por fim, determinadas influências negativas do ambiente.

A personalidade imatura do adolescente é uma fonte permanente de conflitos em potencial. As atitudes disfuncionais dos pais ante as necessidades psicológicas dos filhos adolescentes são, com frequência, a "faísca" que provoca a explosão — o conflito.

Assim, por exemplo, quando os pais se limitam a *reagir* ante os aborrecimentos ou contrariedades que lhes causa o modo de ser ou de agir dos seus filhos adolescentes, isto é, quando se deixam levar pelo amor-próprio ferido, costuma produzir-se uma série de efeitos em cadeia. O processo poderia ser descrito da seguinte forma: 1) impertinência do filho; 2) irritação dos pais; 3) mais impertinência do filho; 4) maior irritação dos pais...

Essa colisão entre a atitude dos pais e a dos filhos adolescentes nem sempre se manifesta abertamente. Em muitos casos, não ocorrem enfrentamentos ou brigas, mas um ambiente de tensão contida ou de indiferença, muito mais preocupante do que os conflitos abertos.

Dizíamos que o terceiro elemento do conflito é o ambiente. O ambiente social pode contribuir, em certos casos, para o aparecimento de incompatibilidades entre pais e filhos. Por exemplo, a manipulação moderna de alguns princípios básicos relativos à convivência, e concretamente a desvalorização de toda a autoridade e a sobrevalorização

IX. INFLUÊNCIA DAS AMIZADES NOS CONFLITOS 215

da liberdade, torna extremamente difícil compreender, nos dias de hoje, o que significa ser um bom pai e um bom filho.

O filho adolescente é uma fonte potencial de conflitos porque entende de forma radical ou extremista as suas novas necessidades ("ser eu mesmo", "valer-me por mim mesmo", ter êxito etc.). Em sua ânsia descontrolada de ser diferente, original e livre, cai no dogmatismo e na utopia.

Para ele, a liberdade é absoluta, não se compadece com nenhum tipo de condicionamento ou limitação. Se os pais lhe proibirem alguma coisa com toda a justiça, dirá que estão atentando contra a sua liberdade. Entende a liberdade e a rebeldia apenas em função dos seus direitos, esquecendo-se completamente dos correspondentes deveres. Nessas condições, é evidente que lhe custará muitíssimo aceitar a autoridade e a obediência.

As atitudes negativas ou descontroladas de muitos pais nascem da surpresa que experimentam diante das transformações por que passam os filhos no modo de ser e de comportar-se. Durante os doze primeiros anos, tinham sido o modelo e até o ídolo dos filhos: estes perguntavam-lhes tudo, pediam-lhes ajuda, queriam parecer-se com eles... Mas, com a chegada da puberdade, produz-se uma radical "mudança de cenário": os filhos deixam de pedir ajuda e passam a maior parte do tempo livre fora de casa. De repente, os pais têm a impressão de que já não são necessários. Deixaram de ser o centro da vida daqueles jovens. E o lugar que perderam é agora ocupado pelos *amigos* dos seus filhos.

Alguns pais não se conformam com esse afastamento dos filhos. Querem continuar a ser imprescindíveis na vida deles e passam a usar a sua autoridade de maneira arbitrária, numa tentativa de dominá-los, de não deixar que "lhes escapem das mãos". Mas só obtêm resultados opostos ao que desejavam: quanto mais se propõem "prendê-los", menos conseguem. As atitudes protecionistas e autoritárias dos pais só servem para desencadear o conflito com os filhos adolescentes.

O conflito manifesta-se normalmente em certos temas e situações: o estudo, o dinheiro, as regras e costumes da família, o modo de vestir, o uso do tempo livre. Dentro deste último aspecto, costumam ser motivo de divergência as leituras, a televisão, os divertimentos e *os amigos*.

3. Por que os amigos dos filhos podem ser um fator de conflito?

O nascimento da amizade na adolescência significa que a família não é já a única influência importante na vida dos filhos. A partir desse momento, os amigos influem tanto ou mais que os pais. Essa dupla influência converte-se assim numa fonte potencial de conflitos entre pais e filhos adolescentes.

Cada uma dessas áreas tende a prevalecer sobre a outra. Além disso, as pretensões dos amigos não costumam coincidir com a dos pais. Essa situação cria uma tensão interna no adolescente que o leva à dissociação: "Passa a dividir a sua vida, distinguindo bem entre o ambiente familiar e o mundinho dos amigos, procurando criar uma dupla escala de valores, uma dupla linguagem, uma conduta diferente e, de certa maneira, um desdobramento da sua personalidade"[1].

Essa vida dupla é, em alguns casos, uma tentativa impossível de agradar ao mesmo tempo aos pais e aos amigos. Noutros, é um mecanismo de defesa contra as exigências paternas. Quando as pretensões da família e do círculo de amigos não são compatíveis, o que acontece com mais frequência é que o filho adolescente concede prioridade ao segundo, já que sente uma profunda necessidade de ser aprovado e aceito pelos seus iguais.

Seja como for, as divergências entre pais e filhos adolescentes quanto aos amigos destes não dão necessariamente origem a conflitos. Tudo depende das atitudes concretas de uns e outros em cada caso. Vejamos, em primeiro lugar, algumas atitudes negativas dos filhos que favorecem o conflito.

Alguns adolescentes passam a viver as relações de amizade de forma absorvente. Vivem só com os seus amigos e para os seus amigos, esquecendo-se das suas obrigações, como ter um mínimo de vida familiar, ajudar em casa ou estudar.

Outros procuram ocultar totalmente a sua vida de amizade. Põem todos os meios ao seu alcance para que os pais ignorem quem são os seus amigos, negam-se a falar deles em casa, como são, aonde vão com eles etc. E se os pais, como é seu dever, fazem alguma pergunta ou comentário a esse respeito, só deparam com reações mal-humoradas ou agressivas da parte de uns filhos excessivamente suscetíveis.

---

(1) J. M. Quintana-Cabanas, *Pedagogía social*, p. 13.

Não são raros os adolescentes que entendem as suas relações de amizade como uma fuga ou uma oportunidade para condutas permissivas. Para eles, a amizade é só, ou principalmente, ocasião de fazer o que é proibido em casa ou na escola. Assim, acabam adquirindo costumes opostos aos critérios morais e educativos da família: ler revistas ou livros ou assistir a espetáculos não recomendáveis, beber de forma descontrolada, desperdiçar o dinheiro, experimentar drogas, dirigir temerariamente etc.

Evidentemente, as três atitudes que acabo de citar não são corretas, embora seja preciso matizar um pouco a segunda, já que um certo grau de "segredismo" na amizade é consequência natural do sentido do pudor dos adolescentes. Há, porém, outras atitudes dos filhos adolescentes que irritam os pais e, no entanto, não é nem um pouco evidente que sejam de fato algo negativo.

Certos pais não gostam de que os filhos escolham os amigos sem contar com eles, ou de que os escolham sem levar em conta os costumes e o estilo da família. Pensam que os amigos dos filhos devem ter um modo de pensar e de comportar-se igual ou semelhante ao que se vive na própria casa. Por isso, quando as ideias, as maneiras ou a linguagem dos amigos dos filhos é diferente do que esperavam, sentem-se decepcionados.

Outros ficam muito irritados quando os filhos falam muito tempo ao telefone com os amigos. Acham que o telefone é um instrumento para tratar de assuntos necessários e não para perder tempo, falando de coisas sem nenhuma importância. Além disso, o telefone é de toda a família e não de apenas um dos seus membros. Por outro lado, as conversas telefônicas frequentes e prolongadas

IX. INFLUÊNCIA DAS AMIZADES NOS CONFLITOS   219

custam dinheiro, impedem que pessoas de fora possam telefonar e tiram tempo do estudo ou da ajuda em casa.

Alguns pais sentem-se contrariados quando os filhos adolescentes trazem os amigos para casa. Em certos casos, a queixa nasce de que o amigo foi convidado sem que o filho os consultasse previamente. Noutros, os pais protestam porque o amigo do filho é uma pessoa "estranha", que não se enquadra no ambiente da família: pensam que não se pode introduzir "qualquer um" na intimidade familiar.

Noutras ocasiões, ainda, os pais irritam-se com as visitas dos amigos dos filhos não tanto por entrarem em casa, mas pelo modo como se comportam. É frequente, por exemplo, que os filhos adolescentes, ao receberem os seus amigos, evitem o relacionamento com os pais. Eis o testemunho de um pai: "Gostaríamos de conhecer os amigos dos nossos filhos, mas temos a impressão de que querem manter-nos à distância. Mostram-se reticentes diante das nossas perguntas. Dão-nos a impressão de haver alguma coisa que querem esconder-nos cuidadosamente e de que estamos sobrando [...]. Desejam que a nossa presença em casa passe despercebida"[2].

Outro comportamento que irrita os pais é que os filhos se metam num quarto com os amigos durante horas, sem permitir a entrada de mais ninguém. E a irritação costuma aumentar quando colocam o som no último volume, falam alto a noite inteira, bebem o uísque do pai sem permissão ou deixam o quarto sujo e desordenado.

---

(2) Launay, *Compañero, pandilla, amigo,* em *Diálogo Familia-Colegio,* Granada, 1974, p. 18.

As amizades dos filhos adolescentes convertem-se num fator de conflito com os pais quando estes reagem de forma autoritária ao que os irrita. Vejamos algumas atitudes paternas muito frequentes e nem um pouco aconselháveis:

1. Pais que impóem certos "amigos" aos filhos (seria mais exato dizer "que tentam impor", porque é impossível consegui-lo).

2. Pais que limitam o número de amigos.

3. Pais que proíbem os filhos de sair de casa para que não possam estar com os amigos.

4. Pais que obrigam os filhos a contar em casa como são os seus amigos ou o que fazem com eles.

5. Pais que falam mal dos amigos dos filhos na presença destes.

Semelhantes atitudes revelam que esses pais não descobriram a necessidade e as vantagens da amizade na adolescência. Não têm consciência de que, para os adolescentes, os amigos são algo quase "sagrado" e intocável. Se a essas idades lhes custa entender qualquer proibição, muito pior será uma proibição que se refira aos seus amigos. E a maior ofensa ou humilhação possível consistirá em falar mal desses amigos ou em deixar os filhos "em maus lençóis" diante deles.

Nenhum comportamento dos filhos justifica que os pais lhes criem embaraços a uma vida de amizade própria. Somente no caso de um "mau amigo" que algumas vezes — e, ainda assim, nem todas — pode ser correto colocar limites ao relacionamento de amizade.

Porque a amizade exige sempre a livre escolha do amigo, e isso é um direito ineludível do filho.

Obrigar os filhos adolescentes a falar dos seus amigos é, além de uma perda de tempo, um atentado contra a intimidade, pois os amigos autênticos pertencem ao que há de mais íntimo, de mais pessoal em cada ser humano, e a intimidade degrada-se ou desaparece tanto nos casos em que é transmitida voluntariamente a uma pessoa inadequada como quando é desvendada contra a própria vontade.

Essas atitudes negativas dos pais não obedecem de forma alguma a critérios educativos. Com elas, os pais não buscam o aperfeiçoamento do filho como pessoa, mas pretendem apenas defender-se dos aborrecimentos que o filho lhes causa. Esses pais envolvem-se emocionalmente no tema das amizades dos seus filhos chegando, às vezes, a agir como rivais dos amigos.

4. Critérios educativos para quatro situações: evasão, "segredismo", permissividade e escolha dos amigos

É conveniente que os pais tenham critérios educativos corretos para cada uma das situações que já mencionamos e que costumam favorecer o conflito com os filhos adolescentes.

Que fazer quando um filho vive a amizade de forma demasiado absorvente? Como evitar que descuide dos deveres familiares e escolares?

Esse comportamento exige um certo grau de compreensão por parte dos pais, sobretudo no início da fase da adolescência. Não se deve esquecer que os adolescentes costumam ficar encantados com a descoberta da amizade. Por isso, é bom conceder-lhes uma ampla margem de liberdade para estarem com os amigos e aceitar o entusiasmo e a paixão com que vivem as suas relações de amizade.

A falta de moderação dos filhos nesse tema pode ser corrigida com medidas positivas dos pais. Por exemplo, animando-os a trazer os amigos a casa e permitindo-lhes ocupar-se numa atividade de que gostem. Se conseguem que reservem ao estudo parte do tempo passado em casa, será possível conciliar a vida de amizade com a vida de família e com o trabalho.

Algumas vezes, evidentemente, será necessário ser exigente com os filhos e chamar-lhes a atenção para a sua polarização nos amigos. É necessário esclarecer-lhes que pertencer a uma família significa ter direitos e deveres. A convivência entre os membros da família, a participação na vida familiar, a ajuda nas tarefas domésticas, é uma exigência que pesa tanto sobre os pais como sobre os filhos, e é para estes uma obrigação de justiça e uma manifestação do amor que devem aos pais e irmãos. "Levar a família para a frente" é uma responsabilidade compartilhada entre todos, cada vez maior quanto mais velho se vai ficando. Por isso, é necessário exigir dos filhos que passem determinado tempo em casa, e não fazer por eles os encargos ou tarefas domésticas que tenham descuidado.

Como enfrentar o "segredismo" excessivo nas suas amizades?

IX. INFLUÊNCIA DAS AMIZADES NOS CONFLITOS   223

Também aqui é bom que os pais sejam compreensivos, especialmente na puberdade. O segredismo é uma forma de afirmar algo próprio e de preservar o que se considera íntimo, pessoal. O adolescente precisa de tempo para descobrir que a amizade é algo mais do que um refúgio. Só com a experiência aprenderá que a vida de amizade não é uma alternativa para a vida familiar, mas um complemento dela.

O problema será menor se os pais fomentarem, por vias indiretas, que os filhos conheçam os filhos dos seus amigos. Convém igualmente explicar aos filhos que os pais têm o dever de saber quem são os amigos que escolhem, já que estes influem muito (em alguns casos para bem, em outros para mal) em sua forma de comportar-se e de pensar.

Que atitude devem adotar os pais quando as amizades dos filhos são uma ocasião para condutas permissivas?

Em primeiro lugar, é aconselhável levar os filhos a refletir sobre essas condutas. Devem ver por si mesmos que não são boas, por mais que se tenham generalizado no ambiente atual. Será preciso explicar-lhes que envolver-se com os amigos nos excessos que mencionamos é perverter a amizade: acabará por transformar-se numa relação de "malevolência recíproca", em vez de ser uma relação de desejo mútuo do bem.

É importante também esclarecer aos filhos que o tempo que dedicam aos amigos não está isento de exigências morais. Seria uma falta de bom-senso ser responsável em casa e na escola e não o ser na vida de amizade. Não há "férias" no bem agir.

Os excessos ou maus costumes que os filhos possam adquirir na convivência com os amigos revelam falta de

224 GERARDO CASTILLO

critério pessoal em três temas importantes: leituras, diversões e uso do dinheiro. Embora a influência de um "mau amigo" possa pesar muito em determinadas ocasiões, é difícil que seja determinante quando os filhos foram bem formados e adquiriram já um sólido critério moral. Os pais devem, por conseguinte, *orientar desde cedo* os filhos na seleção de leituras e diversões e no uso responsável do dinheiro.

Para evitar ou para corrigir os maus costumes, é importante que não sobre tempo aos filhos. Convém que estejam sempre ocupados em algo. Se os pais incentivam, por exemplo, que participem de competições esportivas ou tenham algum hobby (música, fotografia etc.), será muito mais difícil que recorram às diferentes formas de fuga perniciosa: bebida, droga, velocidade, sexo etc. Também é essencial que não disponham de muito dinheiro para os seus gastos pessoais. Andar com pouco dinheiro previne muitos excessos durante a adolescência e a juventude.

Se houve uma adequada formação anterior, na maioria da ocasiões o problema da conduta permissiva resolve-se simplesmente pedindo ao filho que se defenda da influência de um "mau amigo".

Que critério devem seguir os pais quando há divergências quanto à escolha dos amigos dos filhos?

Uma primeira questão é: os filhos devem consultar os pais na hora de escolher os amigos? Alguns pais pensam que sim. Têm medo de que os filhos errem, já que lhes falta maturidade e experiência para distinguir os bons dos maus amigos. A maioria dos filhos sustenta, pelo contrário, que os amigos são deles e não dos seus pais, e, portanto, não têm de consultar nada. Alguns dizem até que, se os pais

IX. INFLUÊNCIA DAS AMIZADES NOS CONFLITOS

interviessem, as suas amizades seriam como os "casamentos de conveniência".

Os pais não devem ignorar esta verdade: encontram-se os amigos sem os procurar, ou seja, a amizade é algo que acontece, não algo que se programa. No autêntico amor — e a amizade é um tipo de amor —, não há lugar para os calculismos. A afinidade que existe entre os amigos baseia-se, como vimos atrás, em determinadas qualidades pessoais que geram a mútua admiração e em alguns elementos misteriosos que produzem a necessária sintonia entre duas almas.

Parece-me, consequentemente, que os filhos têm toda a razão quando querem agir com liberdade na escolha dos seus amigos. Se esta condição não for respeitada, existe o risco de que não cheguem a ter amigo nenhum — nem bom, nem mau, porque não terão a oportunidade de viver uma fase imprescindível no processo de formação da amizade, a de *preferir* o outro, o "outro eu".

Isso significa que os pais devem permanecer ociosos e passivos diante desta questão? De forma alguma. Podem e devem colaborar esclarecendo aos filhos o que é a verdadeira amizade, como se reconhece o bom amigo e como se distingue do mau. Podem e devem também aconselhar os filhos, com respeito e tato, quanto aos novos amigos.

5. Critérios educativos para três situações: maus amigos, uso do telefone e visita dos amigos

E que atitude tomar na questão dos "maus amigos"?

Embora já tenha havido significativas mudanças neste assunto, convém ainda relembrar aos pais que têm obrigação de evitar preconceitos quanto aos garotos que entram em contato com o filho. Muitas vezes, ainda hoje continuam a deixar-se levar pelas aparências. Se, por exemplo, os amigos têm cabelo comprido ou usam brinco, alguns pais concluem que são "malandros" ou coisa parecida. Pelo contrário, se usam roupas da última moda e tênis importado, com certeza são "gente boa".

Os pais devem ter a mente aberta para compreender os modismos próprios de cada época, que não são — em si mesmos — nem bons nem maus. Devem saber também que o aspecto exterior não diz tudo e com frequência até induz a conclusões falsas. Só se conhecem as pessoas depois de um certo tempo de convivência e relacionamento.

Convém, igualmente, que não sejam excessivamente exigentes com relação às qualidades necessárias para ser um "bom amigo". Se elevarem demasiado o nível, condenam o filho a não ter nunca um "bom amigo".

Muitos pais pensam que os maus amigos são sempre os filhos dos outros. Nem lhes passa pela cabeça que... algum dos seus próprios filhos pode ser um "mau amigo".

O primeiro passo a dar é que eles mesmos, pais, tenham ideias claras sobre o que é um bom e um mau amigo e ampliem os próprios horizontes. Devem evitar simplificações e reducionismos. Bom amigo não é simplesmente aquele que "cai bem" aos pais porque é educado, tem boas notas na escola ou é "de boa família". Um rapaz pode ter tudo isso e ser um péssimo amigo. É mau amigo aquele que age habitualmente de maneira permissiva, levando os outros a vícios como os que já consideramos. A falta de autoexigência moral impede-o de ser autenticamente sincero, leal, generoso, respeitoso etc., e assim destrói pela

IX. INFLUÊNCIA DAS AMIZADES NOS CONFLITOS

base esse desejo de melhora pessoal dos amigos, condição central da amizade.

É mau amigo aquele que, com a sua influência, leva o filho a mudar para pior, afastando-o do reto critério. Se essa influência é ocasional, normalmente não tem maior importância; mas, se é habitual, pode afetar o modo de ver a vida, e então é grave.

O problema é maior quando há uma dependência do mau amigo.

Que devem fazer os pais quando verificam que, efetivamente, o filho adolescente tem um mau amigo? Penso que a primeira coisa é cuidar de que o filho descubra essa realidade por si mesmo. Isso, em princípio, é preferível a falar abertamente contra o amigo, pois neste caso muitos rapazes rejeitam o juízo dos pais e defendem o amigo. Perguntas bem dirigidas que semeiem a dúvida em relação a certas atitudes do rapaz, comentadas de passagem como apenas "estranhas" ou "chocantes", podem ser suficientes para levar o filho a dar-se conta de que é preferível cortar as relações com esse amigo.

Os pais podem também pedir ajuda a outras pessoas. Os filhos adolescentes costumam aceitar com mais facilidade a opinião do avô, do tio, do irmão mais velho etc., do que a dos pais. É aconselhável, além disso, recorrer a pessoas que não pertençam à família, como um professor de quem o filho gosta, o diretor espiritual, um bom amigo dos pais que se dá bem com o rapaz, um bom amigo deste etc.

Quando o problema não se resolve por essas vias, os pais devem falar abertamente com o filho. Num primeiro momento, trata-se de informá-lo da situação e dos perigos que ela acarreta para a sua vida. É necessário que ele percebe que só lhe dizem isso porque lhe querem bem e porque corrigir é um dever dos pais. Se não reagir, os pais devem proibi-lo de se relacionar com aquele amigo, do mesmo modo que o impediriam de jogar-se pela janela. O filho pode obedecer ou não aos pais, mas nem por isso estes devem ceder na atitude de firmeza, já que lhe dão um testemunho de que os adolescentes precisam muito.

No entanto, nem sempre o melhor será exigir ou sequer pedir que o filho corte relações com o mau amigo. Há casos em que é mais conveniente que continue a conversar com ele, *mas para ajudá-lo a melhorar como pessoa e como amigo*. Desta forma, pode-se conseguir uma dupla melhora: a do amigo e a do filho. A do filho também, porque assim vive a generosidade e sente a necessidade de ser coerente com o que pede ao amigo.

Os pais deverão considerar seriamente se, mesmo com essa finalidade, é ou não prudente aconselhar o filho a continuar com o "mau amigo". Convém muito que peçam a opinião de outras pessoas, como os professores, um orientador familiar etc., para poderem resolver em consciência a possível incógnita: o filho será capaz de influenciar o amigo, ou, pelo contrário, será dominado por ele?

Com relação ao abuso do telefone, qual a atitude adequada por parte dos pais?

Os pais devem compreender, antes de mais nada, que o telefone é para o adolescente um meio de satisfazer a sua permanente necessidade de comunicação com os amigos. Não é realista pretender que o veja como um instrumento de trabalho e que resuma em poucos minutos o que tem a dizer. O filho ou a filha adolescente telefona com tanta frequência

IX. INFLUÊNCIA DAS AMIZADES NOS CONFLITOS 229

e tanta duração por uma necessidade afetiva que os pais não costumam valorizar. É bom que possa expandir-se pelo telefone com os amigos, pois assim cultiva a amizade.

Isso não significa que não seja necessário orientar e corrigir os filhos no uso do telefone. Não se trata simplesmente de lhes dar uma bronca cada vez que telefonam ou recebem um telefonema. É preciso estabelecer alguns critérios ou regras de jogo contando com a opinião deles. Convém, por exemplo, determinar quais são os momentos do dia mais adequados e os menos adequados para falar ao telefone. Não devem fazê-lo durante o horário de estudo ou de ajuda nas tarefas domésticas, nem na hora das refeições. Deve haver, além disso, uma hora limite para telefonar à noite. É bom que conheçam e respeitem os momentos em que os seus pais usam habitualmente o telefone. Não devem dar telefonemas interurbanos sem autorização etc. Essas regras não resolverão todas as divergências, mas servirão para que, pouco a pouco, os filhos adquiram critério nesta situação.

A última situação problemática a comentar é a visita dos amigos dos filhos. Devem consultar os pais antes de convidar os amigos? Até certa idade, sim. Mas quando crescem — a partir dos dezesseis anos, por exemplo —, parece razoável conceder-lhes liberdade, recordando, porém o dever de se conduzirem com responsabilidade.

O que os filhos devem fazer sempre é *informar* previamente os pais, para que estes não se vejam surpreendidos em casa por pessoas que não conhecem. Essa informação será necessária igualmente com relação aos amigos já conhecidos, não apenas como um sinal de respeito para com os pais, mas também para evitar situações embaraçosas, como por exemplo repreender o filho sem saber que o amigo, no quarto ao lado, está ouvindo tudo...

Que devem fazer os pais quando os filhos evitam o relacionamento com eles em casa e se metem num quarto com os amigos? Estabelecer duas regras de jogo próprias da boa educação. A primeira é apresentar os amigos aos pais ou dar-lhes a oportunidade de cumprimentá-los, se já os conhecem. A segunda é deixar a porta aberta: isso não impedirá o necessário ambiente de intimidade entre os amigos, já que os pais estarão normalmente em outro lugar da casa. Trancar a porta é, por princípio, uma inconveniência que não se deve permitir, além de um risco. Da mesma forma, deixar o quarto sujo ou desordenado, ou usar coisas sem permissão — como "saquear" a geladeira — é uma falta de consideração que não deve ser tolerada.

É preciso, portanto, combinar com os filhos algumas "regras de jogo" para que as visitas dos amigos não gerem conflitos. E é muito bom que os pais considerem as vantagens dessas visitas e não apenas os seus inconvenientes. Entre as vantagens, está a possibilidade de conhecer os amigos dos filhos, de influir neles e de fazê-los "animar" a vida familiar com a sua presença. Para consegui-lo, os pais terão de aceitar com espírito esportivo alguns costumes que, sem serem maus, os incomodam. Deverão evitar submeter os amigos dos filhos a "interrogatórios", mostrando-lhes, pelo contrário, uma atitude de simpatia e confiança.

X. Os filhos sem amigos

1. Por que alguns filhos pequenos não têm "amigos"?

Uma vez que as relações de amizade têm um papel central no aperfeiçoamento pessoal dos filhos, é natural que o "filho sem amigos" preocupe os pais, e estes desejem ajudá-lo.

Para enfrentar o problema, a primeira medida a tomar é diagnosticar as causas: por que alguns filhos não têm amigos? As causas não são sempre as mesmas, embora algumas se repitam com frequência. Cada pai terá de averiguar o que, exatamente, está ocorrendo com o seu filho. Pode tratar-se de um problema conjuntural, passageiro, que corresponde simplesmente às dificuldades próprias da idade. Noutros casos, porém, as dificuldades são permanentes e, por isso mesmo, é mais importante atacá-las.

As causas do problema podem residir fundamentalmente no próprio filho, na sua maneira de ser, ou no ambiente familiar e social em que vive.

Vejamos, em primeiro lugar, algumas causas frequentes durante a terceira infância (dos seis aos onze anos, aproximadamente), em que chamamos "amigos" aos colegas ou companheiros de brincadeiras. Como vimos, nesta fase a criança costuma ser muito sociável. Integra-se com facilidade no grupo dos companheiros de classe. No entanto, a passagem do lar para o meio escolar é uma mudança muito significativa que afeta todas as crianças, ao menos inicialmente.

Com efeito, o começo da idade escolar traz consigo a entrada num mundo novo, distante da atmosfera afetiva da família. Nesse novo mundo, a criança é apreciada pelo que sabe e pelo que é capaz de fazer, tem de compartilhar a atenção do professor com muitas outras, tem de aprender a conviver com crianças de caráter muito diferente... Numa palavra, encontra-se mergulhada de improviso num amplo grupo de alunos que nunca viu.

Passar de repente da solidão (ou do grupo de brincadeiras de duas ou três crianças) para o grupo artificial e regulamentado da classe costuma gerar um forte desassossego; no começo, não se sente afetivamente ligada nem ao grupo da classe, em seu conjunto, nem a nenhum companheiro em particular. Nesse ambiente, são frequentes os temores ou receios mútuos e a falta de solidariedade. Prova disso é que as crianças se acusam umas às outras.

Enquanto no meio familiar a criança é aceita independentemente de seu jeito de ser e comportar-se, no meio escolar (grupo de classe e de brincadeiras), tem de "conquistar o seu lugar", isto é, ter méritos para ser aceita no grupo. A criança descobre que os seus companheiros dão valor de maneira especial a certas qualidades e condutas.

X. OS FILHOS SEM AMIGOS

Quem tem essas qualidades vai integrar-se mais rapidamente no grupo e terá cada vez menos dificuldades para ter amigos com o passar do tempo.

As capacidades especialmente valorizadas são atrativo físico, inteligência, ideias práticas, competência em atividades apreciadas pelo grupo. As crianças que possuem algum desses traços têm mais confiança em si mesmas, o que, por sua vez, reforça a sua aceitação no seio do grupo.

Um segundo fator que ajuda as crianças a relacionar-se com os outros é o bom temperamento. As qualidades mais estimadas são alegria, senso de humor, amabilidade, lealdade, sociabilidade. Para ser preferida pelos companheiros, a criança tem de ser "simpática" e "amigável"[1].

Costumam ter dificuldades especiais para comunicar-se com o grupo as crianças com alguma limitação física que as impede de participar ou destacar-se nos esportes. Ou com algum defeito sensorial, como a surdez, que as separa e isola dos companheiros. As crianças com pouca habilidade manual e pouco dotadas para as brincadeiras encontram-se também em desvantagem. As de temperamento difícil costumam ser ignoradas pelos outros: as que são muito nervosas, instáveis, reservadas, egoístas, mandonas, agressivas, caprichosas e briguentas.

Algumas das dificuldades para a criança ser aceita e aprender a conviver com os companheiros têm a sua origem em certas circunstâncias externas: incorporação tardia à escola, ausência prolongada por doença, problemas de língua em regiões bilíngues etc.

---

(1) Cf. L. Rau Ferguson, *Desarrollo de la personalidad. El manual moderno*, México, 1979, p. 193 e J. Palacios, *Psicología evolutiva*, p. 416.

Mas o fator que torna mais difícil a adaptação ao meio escolar é uma educação familiar inadequada durante a fase pré-escolar. Uma deficiência educativa especialmente prejudicial é o *protecionismo*. As crianças acostumadas a ter os pais continuamente pendentes das suas necessidades dificilmente saberão adaptar-se às necessidades dos outros; serão mais egocêntricas do que o normal. As que têm todos os seus problemas resolvidos em casa dificilmente estarão dispostas a enfrentar os problemas que surgem na convivência com os companheiros do colégio.

As crianças "criadas de meia no carpete" não estão preparadas para lutar com os seus companheiros nos jogos competitivos. As mimadas, acostumadas a ter todos os caprichos satisfeitos pelos pais, não aceitarão facilmente as regras dos diferentes jogos. Como durante toda a infância a "amizade" está baseada na brincadeira competitiva e com regras, as crianças inaptas para a brincadeira permanecem "despenduradas" do grupo.

Muitas vezes, o protecionismo familiar tem a sua origem no medo. Alguns pais têm um medo excessivo dos perigos que a criança pequena pode correr: de que caia nas escadas, de que seja agredida por outra criança, de que pegue frio na rua etc. Assim, não lhe permitem fazer quase nada e mantêm-na continuamente ao seu lado, sem lhe darem oportunidade de conviver com outras crianças. E essa ansiedade dos pais acaba por transmitir-se aos filhos, que passam a ter medo de participar ativamente dos jogos em grupo.

O medo de intervir nas atividades comuns do grupo é percebido pelos companheiros da criança, que passam a evitá-la. Por sua vez, o fato de ela saber que não é aceita

X. OS FILHOS SEM AMIGOS

aumenta a sua insegurança e a sua tendência a encerrar-se em si mesma, o que gera um autêntico círculo vicioso.

2. Por que existem adolescentes sem amigos?

Na adolescência inicial ou puberdade, alguns rapazes não se sentem à vontade no grupo-massa. Os mais delicados não suportam os excessos dos outros, as suas grosserias e badernas; os que têm mais personalidade não se adaptam à conduta gregária imposta pelo grupo, não estão dispostos a pagar o tributo do conformismo para serem aceitos.

Depois dos treze ou catorze anos, muitos adolescentes não têm amigos porque não têm "qualidades amistosas". São as qualidades pelas quais são aceitos pelos outros. Se na infância isso era importante, agora é fundamental, já que na adolescência começa a escolha do amigo em função das suas qualidades pessoais. A amizade nasce — como já vimos — da admiração pelas qualidades alheias.

Quais são as qualidades que despertam maior admiração entre os adolescentes? Que traços pessoais suscitam menos admiração e até rejeição entre eles?

Num dos estudos sobre este tema[2], verificou-se que os adolescentes mais admirados pelos seus companheiros e amigos têm as seguintes qualidades:

— São vivazes, alegres, de bom temperamento e com senso de humor.

---

(2) Mussen e outros, *Desarrollo de la personalidad en el niño*, Trillas, México, 1983, p. 439.

236 GERARDO CASTILLO

— Atuam com naturalidade e confiança em si mesmos, sem serem presunçosos.

— São tolerantes e flexíveis com os outros e capazes de sentir simpatia por outras pessoas.

— Têm iniciativa e sabem fazer planos para as atividades do grupo.

— Trazem algo de interessante para os outros.

No mesmo estudo, comprovou-se que qualidades contrárias às mencionadas dão lugar a uma atitude de desapreço. Também se viu que certas atitudes pessoais geram rejeição por parte dos outros. São rejeitados os adolescentes com algumas destas características:

— Sentem-se pouco à vontade entre os companheiros.

— Não têm confiança nas suas possibilidades.

— Estão tão absorvidos em si mesmos que não percebem as necessidades alheias.

— Em situações difíceis, reagem de forma inadequada: com medo, nervosismo, agressividade ou presunção.

— Não têm tato e são desrespeitosos com os outros.

Noutro estudo sobre o mesmo tema, chegou-se a conclusões semelhantes[3]. Os adolescentes mais apreciados pelos seus companheiros têm as seguintes qualidades:

— São capazes de estimar os outros.

— São joviais e alegres.

— Agem de forma espontânea e natural.

---

(3) A. Jersild, *Psicología de la adolescencia,* Aguilar, Madri, 1968, p. 231.

X. OS FILHOS SEM AMIGOS

— Estão dispostos a tomar parte em tudo.

— São pessoas com as quais se podem passar momentos agradáveis.

Nesse mesmo trabalho, viu-se que os adolescentes menos admirados têm três características:

— Manifestam sintomas de insegurança.

— Estão absortos nas suas próprias dificuldades e não têm capacidade para compreender a vida dos outros.

— São esquisitos, conturbados e aflitos.

Outro autor distingue entre causas psíquicas e causas morais[4]. As causas psíquicas estão enraizadas no temperamento: insociabilidade, retraimento, timidez, apatia, agressividade etc. Entre as morais estão o egoísmo e a falta de capacidade para querer bem aos outros.

Vale a pena determo-nos em dois fatores citados nessas pesquisas: a insegurança e a timidez.

Quanto à *insegurança,* os adolescentes, na maioria dos casos, avaliam-se a si próprios pelas opiniões dos companheiros. Precisam da aprovação dos seus iguais e dependem dela. Quando um deles não é bem-visto pelos outros, emaranha-se numa espécie de "círculo vicioso". Por um lado, a falta de autoconfiança provoca a indiferença ou a rejeição dos colegas de grupo; por outro, "a consciência de que os companheiros não o aceitam e a falta de oportunidades para participar das atividades do grupo e de aprender gradualmente coisas sobre ele só lhe vai minando

---

(4) J. M. Quintana Cabanas, *Pedagogía social,* p. 84.

ainda mais a autoconfiança e aumentando a sensação de isolamento social"[5].

A *timidez* está muito relacionada à insegurança. Muitos adolescentes não se atrevem a relacionar-se com outras pessoas porque a convivência revela os seus pontos fracos. Essa insegurança nem sempre corresponde a carências ou limitações reais. Em alguns casos, é consequência de um excesso de orgulho e amor-próprio, que os leva a dar muita importância às opiniões que os outros têm deles. Noutros casos, é resultado das expectativas pouco realistas dos pais. Os pais que superestimam os filhos e lhes exigem mais do que na realidade podem fazer criam neles, com frequência, uma sensação de fracasso. Os filhos tentam agradar aos pais mas, como boa parte do que fazem lhes sai mal, acabam por perder a confiança em si mesmos.

Convém determo-nos também em outro traço que costuma originar rejeição por parte dos outros: o *narcisismo*, a excessiva absorção em si mesmo. É uma atitude que resulta da introversão típica dos adolescentes. Esquecem-se dos outros para preocupar-se quase que exclusivamente das coisas próprias, o que produz uma tendência ao isolamento, sobretudo na fase inicial da adolescência (puberdade). "Quanto mais se ocupam de si mesmos, mais se afastam dos que os rodeiam e mais difíceis se tornam no relacionamento, já que passam a ser mais sensíveis e ensimesmados. Flutuam assim entre a impertinência atrevida e indiscreta e a reserva fria e insensível"[6].

---

(5) Mussen e outros, *Desarollo de la personalidad en el niño*, p. 740.

(6) M. Remplein, *Tratado de psicología evolutiva*, p. 454.

X. OS FILHOS SEM AMIGOS

Essa atitude egocêntrica deteriora as relações com as pessoas com quem convivem. Tornam-se piores do que antes, tanto com os adultos como com os da sua idade, o que impede o nascimento de novas amizade na puberdade e destrói outras que acabavam de começar. Muitos pais se perturbam com essa regressão do filho ou filha de doze ou treze anos a um egocentrismo similar ao da primeira infância. Durante a "etapa escolar", a criança parecia ter--se tornado capaz de esquecer-se de si mesma e centrar-se nos outros, porém, surpreendentemente, o púbere volta a mostrar-se indiferente ao que acontece ao seu redor para concentrar-se apenas nas próprias necessidades.

Qual a explicação desta volta ao passado? Há uma bastante compreensível: "Esse novo narcisismo parece ser uma reação vital. Quando me sinto confundido, quando do o meu corpo se transforma e já nada me parece sólido nem seguro, em mim e ao redor de mim, sinto-me obrigado a reconstruir-me, a juntar os meus pedaços dispersos, se é que quero continuar a viver sinto-me obrigado a preocupar-me comigo em primeiro lugar; e então não pode ser estranho que eu não tenha forças suficientes para preocupar-me com os outros"[7].

Outro obstáculo para fazer amigos nessa idade é a excessiva *idealização do amigo*. O adolescente não o vê como é, mas como gostaria que fosse. Como a distância entre o amigo sonhado e o amigo real costuma ser muito grande, dificilmente encontra alguém que mereça ser seu amigo. E mesmo sem o idealizar, não lhe é fácil encontrar alguém

---

(7) P. Galimard, *L'énfant de 12 à 15 ans,* Edouard Privat, Toulouse, 1968, p. 74.

a quem possa contar tudo. Quando por fim pensa tê-lo achado, descobre que não é aquele que buscava: não o aprecia como ele o aprecia, não sabe guardar um segredo, quer impor as suas ideias e gostos etc. Essas decepções são especialmente fortes quando se trata de uma "amizade particular". A ruptura com o único amigo costuma deixar uma profunda sequela.

O adolescente descobrirá com o tempo que até o melhor amigo tem defeitos e que tem de ser mais compreensivo com os amigos e mais exigente consigo mesmo. A amizade exige luta contra o narcisismo e a aceitação do outro como é, como um ser único, diferente da imagem sonhada. A amizade — ao contrário do amor erótico — exige esforço, generosidade e sacrifício.

É necessário esclarecer que os traços típicos da adolescência que acabo de comentar não afetam todos os adolescentes do mesmo modo. Todos são inseguros e egocêntricos; todos tendem a idealizar a amizade, mas em grau diferente e com diferentes consequências. Por isso, para alguns, a falta de amigos será somente um problema acidental, ao passo que para outros será um problema permanente.

Por outro lado, as dificuldades para ter amigos não obedecem só à necessária adaptação à idade adolescente. Estão relacionadas também com o tipo de caráter de cada rapaz ou de cada moça e com o grau em que desenvolveram as virtudes humanas. A estes dois últimos aspectos se referiam as qualidades acima citadas que geram admiração ou rejeição.

3. Possíveis consequências da falta de amigos

A falta de amigos durante a infância pode trazer problemas de tipo afetivo, ansiedades, sentimentos de inferioridade, tristeza etc. A criança sem amigos costuma sofrer um atraso no seu desenvolvimento afetivo por falta dos estímulos e experiências que a vida de amizade proporciona.

Algumas crianças isoladas desenvolvem mecanismos de defesa. Um deles é o dos "amigos imaginários". Valendo-se da sua poderosa fantasia, a criança cria substitutos dos amigos reais que não pode ter. Brinca com eles como se fossem pessoas. A "criança de verdade" é a que manda, ao passo que as imaginárias são submissas.

Os "amigos imaginários" não são uma boa solução para o problema da criança isolada. Não é bom desempenhar sempre o papel de "mandão", nem conseguir tudo o que se deseja. Também não é bom que a criança se resigne a prescindir da convivência com as outras crianças. Tudo isso torna ainda mais difícil a adaptação social.

Quando o isolamento da criança obedece a circunstâncias passageiras, não costuma ter consequências especiais. São deste tipo algumas das dificuldades já citadas: inadaptação inicial ao meio escolar; incorporação tardia à escola etc. O que é de se preocupar é a falta de qualidades amigáveis como as já expostas. Neste último caso, a criança é ignorada ou rejeitada sistematicamente pelos seus companheiros, o que pode gerar problemas de personalidade.

Uma vez que a etapa adolescente é a "etapa da amizade", a falta de amigos é mais problemática do que na infância. Numa pesquisa para comparar adolescentes isolados com adolescentes não isolados, observou-se que os primeiros não tinham confiança e experiência nos contatos sociais, ao passo que os segundos tinham maior estabilidade emocional, uma escala de interesses muito mais ampla e eram mais propensos ao relacionamento social[8].

Os adolescentes que não são aceitos por seus companheiros recorrem por vezes a condutas compensatórias. Alguns, por exemplo, rodeiam-se de crianças pequenas; outros tentam comprar a aceitação oferecendo algo em troca, como objetos adquiridos com dinheiro; muitos refugiam-se no trabalho escolar, buscando aí o êxito que não puderam conseguir no convívio com os seus companheiros.

A falta de amigos afeta, normalmente, o desenvolvimento da intimidade. Como não pode compartilhá-la com um amigo, o adolescente deixa de considerá-la importante e remete-a para um segundo plano. O adolescente isolado demora mais em chegar a um correto conceito de si mesmo porque lhe faltam o "espelho" e o contraste do amigo.

A falta de amigos costuma aumentar os sentimentos de insegurança típicos dos adolescentes. Veem-se privados daqueles que melhor poderiam compreendê-los e ajudá-los a vencer os medos que os assaltam quando tentam valer-se por si mesmos. Além disso, podem prolongar indefinidamente as suas atitudes egocêntricas, perdendo oportunidades de desenvolver os sentimentos altruístas e as virtudes da convivência.

O fenômeno dos adolescentes isolados e, em consequência, dos jovens imaturos, que residem com os pais

---

(8) K. Garrison, *Psicología de los adolescentes*, p. 383.

X. OS FILHOS SEM AMIGOS

até os trinta anos ou mais, não conseguem casar-se nem ter vida independente, é uma autêntica epidemia nos dias de hoje. Boa parte da causa está na tendência ao isolamento cada vez maior das famílias, propiciado pelas condições das grandes cidades; outra parte pode ser atribuída ao medo e à insegurança dos pais; e, por fim, também o amor egoísta por parte destes desempenha um papel muito grande neste fenômeno.

A tendência ao isolamento deriva de fatores socioeconômicos que muitas vezes não se podem controlar — a necessidade de residir fora do lugar de origem por motivos de trabalho, o crescimento excessivo das cidades que dificulta o encontro com amigos e membros da família expandida, a própria arquitetura dos prédios —, mas também se deve ao individualismo e à comodidade.

Como é mais fácil ter independência econômica atualmente do que há algumas décadas, as pessoas precisam menos dos seus pais, e tendem a centrar-se no seu trabalho e na sua família "nuclear": marido, mulher e filhos. Da mesma forma, se é verdade que é mais difícil conviver com os avós, tios etc., o fato é que isso seria perfeitamente possível na maioria dos casos, embora exigisse um pouco mais de esforço. A consequência é que os filhos crescem tendo contato familiar quase exclusivo com os pais, e tendem a pensar que essa é a regra.

Como, além disso, a vida familiar moderna é muito mais fácil, graças a todo o conforto material de que gozam, os jovens tendem a acostumar-se com essa situação e não sentem desejo de construir uma vida própria e independente. A solução para essa situação é evidente: *conviver com regularidade com os parentes e cultivar as amizades em família.*

244 GERARDO CASTILLO

O segundo fator é o medo e a insegurança dos pais. É verdade que as estatísticas criminais vêm subindo, e assim muitos pais tendem a evitar todas as situações que possam pôr a vida do jovem em risco: levam-no e trazem-no da escola, de todos os cursos, atividades, festas etc., evitam que saia sozinho, aconselham-no a não andar de ônibus... É impressionante verificar que há rapazes e moças na Universidade que nunca tomaram um ônibus e praticamente não conhecem a sua cidade, com exceção dos bairros em que moram.

A boa-vontade desses pais é evidente, mas não é menos evidente o estrago que causam à personalidade do filho, que por cálculo ou simples falta de reflexão não é capaz de desenvolver uma vida independente. Não há outra solução senão deixar os filhos correrem os riscos normais, a que todo o mundo da sua faixa etária está exposto, mesmo que isso enerve mais os pais. A partir do segundo grau, é necessário começar esse processo de "independização" dos adolescentes, e, a partir dos estudos universitários fomentá-lo resolutamente.

Por fim, o amor egoísta, que participa em maior ou menor grau dos casos que acabamos de apontar. A maioria dos pais superprotetores, senão a sua totalidade, pensa e busca o seu bem-estar afetivo, a sensação de estar fazendo bem aos filhos; educam-nos, na verdade, para si, e não para o bem dos próprios filhos[9].

---

(9) Se conseguissem desprender-se dessa visão subjetiva, que distorce tudo o que dizem e fazem, e pensassem apenas no bem objetivo de cada filho, veriam que é necessário levá-los a ter um projeto de vida autônomo, em que eles, pais, terão apenas um papel muito reduzido, e a ter força moral para enfrentar os riscos e dificuldades inerentes à vida humana. Não podem, portanto, poupar hoje aos filhos os problemas que eles terão de enfrentar amanhã, por mais que custe "fazê-los sofrer". (N. E.)

4. Algumas orientações para os pais

Com certa frequência, o filho sem amigos encontra atitudes inadequadas por parte dos pais. Uma delas é que não dão nenhuma importância ao problema, pensando que o filho "prefere estar só" e que "é feliz assim". Esses pais são incapazes de captar a repercussão afetiva que a falta de amigos tem no filho, e não se dão ao trabalho de refletir sobre a necessidade da amizade para o aperfeiçoamento pessoal em todas as idades.

Outros pais pretendem resolver o problema por si mesmos. Pensam, por exemplo, que podem programar amizades para o filho ou obrigá-lo a fazer-se amigo de alguém. Ignoram, no entanto, que a amizade é, como vimos, uma misteriosa afinidade espiritual entre duas pessoas, que não pode ser programada nem obtida por necessidade ou obrigação, que não consiste num convênio, mas numa relação de afeto que exige admiração mútua e o desejo livre do bem do amigo.

Para enfrentar adequadamente esta questão, os pais devem preocupar-se em primeiro lugar em diagnosticar a causa dessa carência. Como pudemos observar, as origens do problema nem sempre são as mesmas. Por isso, é necessário determinar quais as causas — dentre as múltiplas que já vimos — que ocorrem ou concorrem no caso desse filho. Faltam-lhe, por exemplo, algumas das qualidades amigáveis mais importantes? Tem um temperamento difícil? É tímido? É egocêntrico? É inseguro?

Para acertarem com a resposta, os pais precisam refletir muito sobre a forma de ser e de agir do filho. Têm de observar como se comporta com os irmãos, os colegas de turma e os amigos. É conveniente também que conversem com ele sobre o tema, mas com muito cuidado para não os deixar numa situação incômoda. Não se trata de ir diretamente ao problema, mas de provocar conversas que levem ao assunto. Mas a melhor "pista" pode ser muitas vezes um comentário acidental e espontâneo que o filho faz sobre os colegas de classe ou de esporte. Os professores e orientadores educacionais também podem proporcionar dados muito úteis.

A orientação a dar aos filhos para que corrijam essa deficiência consistirá, normalmente, em convidá-los a lutar ou a esforçar-se em alguns aspectos negativos do seu temperamento ou conduta habitual. Identificados a tempo, dificilmente esses problemas são caso para o analista ou psiquiatra, e se resolvem com um esforço de superação pessoal, aliado ao carinho e à compreensão dentro de casa. Desta forma, a sua conduta tornar-se-á mais amigável, mais propensa à relação de amizade. Trata-se tanto de corrigir as qualidades e hábitos que os separam dos outros como de estimular as condutas positivas. É bom, nesse sentido, ajudar os filhos a descobrir e a cultivar alguma boa qualidade que permanecia "escondida".

Quando o isolamento do filho se deve a alguma limitação (física ou intelectual) que gere o seu ensimesmamento voluntário diante dos outros ou a rejeição por parte deles, a ajuda dos pais deverá ser de outro tipo. É bom conversar com os professores para que ofereçam oportunidades para destacar-se no que pode e sabe fazer bem, para que assim possa ganhar mais confiança em si e mais admiração por parte dos seus companheiros. É importante também que os professores tentem melhorar o ambiente humano

X. OS FILHOS SEM AMIGOS

da classe: os alunos devem ser mais respeitosos entre si, melhores companheiros, mais dispostos a servir etc. Num clima positivo, uma limitação pessoal não representa, normalmente, uma causa de isolamento.

Comentamos há pouco que os pais não podem nem devem programar as amizades dos filhos. O que podem é influir *indiretamente* nestas, favorecendo a criação de "ambientes" em que os filhos possam encontrar amigos. Diversos casais amigos podem combinar, por exemplo, passar as férias no mesmo lugar para que os seus filhos se conheçam e se relacionem.

Desde os primeiros anos, os pais devem facilitar a comunicação e a convivência dos filhos com outras crianças. Devem evitar que se acostumem a estar sempre em casa; se não saem à rua e não vão à casa dos outros, dificilmente encontrarão companheiros de brincadeiras e, mais tarde, amigos. É preciso evitar, igualmente, que passem a maior parte do seu tempo livre com pessoas mais velhas; e se pensam que o maior bem para os seus filhos é estarem a todas as horas com eles, devem mudar urgentemente de atitude. Os filhos precisam tanto dos pais como dos companheiros e amigos da sua mesma idade.

Na fase adolescente, é importante ajudar alguns filhos a superar a timidez. Para isso, convém dizer-lhes em primeiro lugar que a timidez não é uma doença nem uma deficiência insuperável. Pode-se deixar de ser tímido (ou sê-lo em menor grau) com o esforço pessoal, isto é, com pequenos atos que custam, com a vontade de "atrever-se" em alguma coisa cada dia. É preciso ajudá-los também a ser menos orgulhosos, uma vez que a timidez nasce da excessiva importância que atribuem à opinião alheia. Os humildes correm muito menos risco de ser tímidos.

É bom também fomentar a confiança dos filhos em si mesmos. Para isso, devem aprender a conhecer-se e aceitar-se como são, com seus pontos fortes e os seus pontos fracos. E devem aprender também a tirar mais proveito das suas melhores capacidades.

A timidez diminui, por fim, na medida em que se preocupam mais com os outros. É necessário animar os filhos adolescentes a sair de si mesmos, a falar menos das suas necessidades e problemas para falar mais do que podem fazer por outras pessoas.

Posfácio do editor

Educar para a caridade

A tarefa de educar os filhos para a vida de amizade está estreitamente vinculada à de educá-los para o amor a Deus. Ambas se complementam entre si, e isso por diversas razões.

A primeira e maior já foi enunciada pelo Apóstolo São João: Porque aquele que não ama seu irmão, a quem vê, é incapaz de amar a Deus, a quem não vê. *(1 Jo 4, 20). Em última análise, a grande razão para amar os outros homens é amar a Deus, que os ama a tal ponto que deu a sua vida por eles, na Cruz. Para o ateu, os outros são nada mais, nada menos que "o inferno", como anuncia o título de umas das principais obras de Jean-Paul Sartre. Para o agnóstico, ou mesmo para o cristão que perdeu a perspectiva da fé, são instrumento de realização pessoal: procurará a "amizade" se lhe servir para alcançar os seus interesses. Ou, então, limita--se à mera reciprocidade: se eles o amarem serão amados de volta. É o que Cristo condena:* Se amais somente os que vos amam, que recompensa tereis? Não fazem assim os próprios publicanos? Se saudais apenas vossos irmãos,

250 GERARDO CASTILLO

que fazeis de extraordinário? Não fazem isso também os pagãos? *(Mt 5, 46-47).*

Só o cristão é que se dispõe de verdade a esse querer de benevolência gratuito exigido pela verdadeira amizade. Os antigos tinham uma ideia muito clara do ideal da amizade, como nos recorda o autor, referindo-se especificamente a Aristóteles e Platão. Mas faltavam-lhes as condições reais para vivê-lo. É apenas quando se tem vida de fé e está presente em nós a caridade, que se torna possível dispormo-nos a querer o bem do amigo sem nenhum tipo de desvirtuamento egoísta: "Quando se coloca o amor de Deus no meio da amizade — diz-nos o Bem-aventurado Josemaria Escrivá —, este afeto se depura, se engrandece, se espiritualiza; porque se queimam as escórias, os pontos de vista egoístas, as considerações excessivamente carnais. Não o esqueças: o amor de Deus ordena melhor os nossos afetos, torna-os mais puros, sem diminuí-los"[1]. Se se quer educar os filhos para uma vivência plena do amor de amizade, é preciso formar neles, ao mesmo tempo, a caridade.

A segunda razão é que amar os outros por Deus é também a única forma de evitar a ponta aguda e envenenada das desilusões, porque, quer se queira, quer não, não há homem ou mulher à altura das nossas legítimas aspirações. Todos os seres humanos têm defeitos e limitações, que na vida de amizade são fonte, uma e outra vez, de decepções. É só quando uma pessoa ama os amigos por Cristo que passa a olhá-los como o Senhor os olhava: como doentes a serem curados, como ignorantes a serem educados, fracos a serem sustentados, crianças a serem formadas. Não são os que estão bem que precisam de médico, mas sim os doentes *(Mt 9, 12). A caridade dota a*

---

(1) *Sulco,* Quadrante, São Paulo, 1987, n. 828.

EDUCAR PARA A CARIDADE   251

amizade de um forte senso de responsabilidade, de um firme desejo de suprir de alguma forma essas carências. Ao educar para a amizade, é preciso mostrar desde cedo que não se trata de uma relação bilateral eriçada de direitos e deveres, mas de uma tarefa de serviço.

A terceira razão é que, para prestar este serviço de amizade, é preciso dar exemplo de conduta e praticar o antiquíssimo costume cristão, recomendado já pelo Senhor nos Evangelhos, da correção fraterna *(cf. Mt 18, 15-17). Não bastam, nem de longe, essas considerações vagas que estão tão de moda hoje em dia acerca da importância de "estar sempre evoluindo", que aliás convivem perfeitamente com os mais variados egoísmos, insinceridades, desleixos e sensualismos. É necessário ter um ideal de conduta objetivo, real, concreto, que molde de verdade o comportamento: e esse ideal foi dado aos homens na pessoa de Cristo, o próprio Deus humanado.*

Quando há esse ideal de conduta, existe também um critério objetivo para julgar as ações dos amigos e prestar-lhes o serviço da correção fraterna. Não há dúvida de que a benevolência própria da amizade quer, em primeiro lugar, o bem pleno do amigo, que seja melhor, que seja um ser humano mais pleno e mais cabal. Mas... que significa "ser melhor", ser "integralmente humano"? Não seria nada fácil responder a essa pergunta sem a "regra objetiva de humanidade mínima" que são os Dez Mandamentos, e sobretudo sem esse modelo de humanidade que é Jesus Cristo. Só uma pessoa dotada de boa formação cristã tem a pauta necessária para mostrar aos seus amigos a direção em que podem e devem melhorar: "Cristo, na mesma situação, teria agido assim?"

Hoje, que as ideologias de direita e de esquerda tendem por igual a difundir um clima social de receio e desconfiança para com as outras pessoas, é especialmente urgente essa nobreza cristã. Diante da sociedade das indiretas, dos diz-que-diz-ques, dos falatórios pelas costas, da "denúncia" imposta-da em modo de vida — numa palavra, da covardia —, os cristãos têm mais do que nunca a necessidade de ser amigos leais, que falem pela frente, que mostrem aos seus amigos o caminho reto. Mais do que nunca, têm obrigação de não rebaixar a sua conduta para adaptá-la à do ambiente, de tomar consciência de que são "portadores de luz", de uma doutrina e uma orientação de vida que são "salvadoras" no sentido mais estrito da palavra. E a adolescência, momento das revoltas nobres e do despertar do amor, é o momento-chave para mostrar-lhes isso.

Por fim, como aponta o autor deste livro, a adolescência é também a idade dos extravios de conduta e de personalidade, a idade em que se moldam ou se perdem os ideais nobres, e quem não tem personalidade própria para comunicar aos amigos acabará por ser influenciado pela falta de personalidade destes. Tem-se apontado muitas vezes que o jovem de hoje, da "geração Coca-cola", tem como supremo ideal de vida o Big Mac e como máximo horizonte cultural os videoclipes da MTV. Embora seja uma caricatura, não deixa de ser verdade que existe uma aguda falta de interioridade pessoal; em consequência, as pessoas têm poucos amigos justamente por terem uma intimidade banalizada, que não vale a pena compartilhar.

Ora, é sobretudo a relação com Deus que confere à pessoa profundidade e riqueza interior, e assim a faz ter algo para dar. A adolescência marca a transição da piedade infantil, geralmente exterior, para a vida interior do adulto. Se se aproveita esse momento para ajudar o jovem a compreender

EDUCAR PARA A CARIDADE 253

a relação pessoal com Cristo e o conteúdo das verdades de fé e a criar hábitos de oração e frequência dos sacramentos, ele passará a ter um sentido pessoal inabalável para a sua vida e uma estrutura de sustentação, em suma, uma personalidade autêntica. Tornar-se-á capaz de resistir à pressão corrosiva do ambiente e poderá tornar-se um foco difusor da Boa Nova cristã, que é o que todo o cristão está chamado a ser. E como? Precisamente através da sua vida de amizade.

Há, portanto, uma estreita relação entre a educação para a amizade e a educação para a caridade. A caridade, guia, retifica e aprofunda a amizade, a tal ponto que só uma amizade orientada pelo amor a Deus pode merecer o nome de amizade autêntica. E, por outro lado, a vida de amizade torna-se então escola do amor a Deus. Porque a santidade nada mais é, em certo sentido, do que a amizade com Jesus Cristo.

Direção geral
Renata Ferlin Sugai

Direção editorial
Hugo Langone

Produção editorial
Gabriela Haeitmann
Juliana Amato
Ronaldo Vasconcelos
Daniel Araújo

Capa
Gabriela Haeitmann

Diagramação
Sérgio Ramalho

ESTE LIVRO ACABOU DE SE IMPRIMIR
A 28 DE JANEIRO DE 2023,
EM PAPEL PÓLEN NATURAL 70 g/m².